はじめに

　介護の現場は、きつい（重労働）・汚い（排泄介助）・危険（病菌感染）の「3K職場」と言われています。福祉とお年寄りが好きだからという熱い思いだけではできないのが介護の仕事です。

　しかし、私たち介護専門職が利用者の生活を支える介護のプロとして自覚を持って介護にあたったとき、「きつい・汚い・危険」の3K職場は、「感動・感謝・感激」の"心の3K職場"になります。"見方"を変えると"味方"になり、利用者やその家族との強い信頼関係につながっていくのです。

　私自身、20余年間、福祉の現場で利用者や家族と深くかかわってきました。そのなかで感じたのは、利用者も家族も多くは求めていないということです。日常の当たり前の"ちょっとした笑顔""ちょっとした声かけ"を一番心待ちにしています。そして、最後まで、一人の人間として尊重してもらいたいと願っています。

　高齢者にとって人生の終末は、明日なのか、数時間後なのか、数分後なのかもわかりません。だからこそ、介護従事者は「今このとき」を大切にした"心くばり"が必要になります。常に「一護一会の精神」を持って、介護にあたることが重要なのです。「一護一会の精神」とは、人と人との出会いを大切にするように、1つひとつの介護を大切にしながら、悔いのないように心を込めた介護を行うことです。

　利用者や家族は、大切な命を預けている場だからこそ、施設や介護職員に対して多くの不安や迷いを感じています。その不安を取り除き、信頼関係を深めていくためには、介護技術や知識、コミュニケーション能力を高めなければいけません。

　本書は、介護職員が利用者に対して、「しっかりと話を聴いてくれる」「笑顔で対応してくれる」「信頼感が持てる」などの"心くばりの介護"を実践できるようにするための手引きです。カウンセリングやコーチングの技法を取り入れることで、介護職員のコミュニケーション力を磨き、ロールプレイの実践、実際の現場の課題解決に対応したワークシートの

介護福祉経営士 実行力テキストシリーズ

プロ意識を高め、思いやりの心を磨く

一流の介護職員が育つ
奇跡の人材育成法

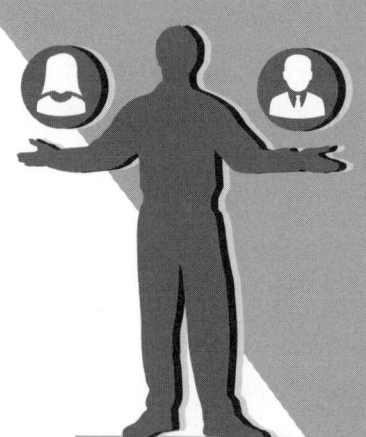

特定非営利活動法人
日本プロフェッショナル・
キャリア・カウンセラー協会
編著

日本医療企画

活用を通して、一般的な研修では教えてこなかった"介護の心"を学びます。

「他者とは違う心くばりのある介護」＝「より質の高い介護」を職場で実践して、「感動・感謝・感激」の心の3K職場へ変えていってください。そして、選ばれる介護職員、選ばれる介護施設になることを切に願っています。

執筆者代表
武田　直美

CONTENTS

はじめに

第1章 職員の心を育てる人材育成の考え方

1. 職員の心の育成と経営への影響　8
2. 「心くばり介護道」で介護の心を学ぶ　12
3. 「感動・感謝・感激」の心の3K職場をつくる　19
4. 介護現場のクレームと向き合うときの心構え　27
5. 介護現場の危機予防と信用向上　29

第2章 集団と個別でできる人材育成法

1. 介護専門職としてのプロ意識を育てる　36
2. 利用者のQOLを高めるコミュニケーション　46
3. 心くばりコミュニケーション　64
4. 7つの傾聴技法（ロジャーズ理論）　87
5. コーチング技法　91
6. アサーション　107
7. 介護職員に必要な礼儀作法　116
8. 職員の目標管理と人材育成計画の立案　127
9. 課題解決のプロセス　130

第3章　事例で学ぶ介護の心と人材育成

1　利用者はスタッフの質を見て施設を決める　*140*
2　離職率の高い施設は利用者離れも起こす　*145*

わりに

考資料

職員の心を育てる
人材育成の考え方

1 職員の心の育成と経営への影響

（1）事業は「人」、「人」は「心」

　どんなにすばらしい設備を持った施設・組織でも、それを動かし価値あるものにするのは「人」です。その事業にかかわるすべての人の行動次第で経営効果は大きく左右されます。きれいで立派な施設、安心安全な環境、申し分のない技術、サービス等が整っているにもかかわらず運営がしっくりいっていない、必要な人員を配置して一見順調に動いているように見えても思うような成果が出ていないといったケースはたくさんあります。施設・組織を動かすのは確かに「人」であり、人材育成こそが介護経営の最も重要な課題と言えるでしょう。

　人の行動はその前提になる心のあり方、考え方に大きく影響されます。たとえば、同じようにサービスを提供していても単なる仕事として割り切って働いている場合と、利用者のうれしそうな笑顔を見ることを楽しみに働いている場合とでは、サービスの質に大きな違いが生まれます。「利用者の喜ぶ顔を見たい」という気持ちで働いているときは疲れを感じることもなく、充実した日々を送ることができます。介護に向けた心のあり方、心の込め方次第で行動が変わり、利用者への影響も大きく変わります。

　心を込めた介護とは「利用者がその人らしく最後まで笑顔で暮らせるように寄り添うこと」です。介護職員は常に利用者を中心に考え、今このときを大切にしながら、悔いがないように心を込めた介護をしていかなければいけません。介護にかかわるすべての職員が、

利用者中心の意識のもとに集結したとき、組織としての大きな力が生まれ、介護の質の向上につながり、経営効果は増大します。

（２）利用者中心の介護を目指す

　利用者中心の介護とは、利用者やその家族の気持ちに寄り添うことができる介護です。最後まで「介護できてよかった」と思えるようになることです。介護に関係するすべての職員たちが、共通の目的に向かい、お互いの信頼関係を築き上げ、最後まで「介護ができてよかった」と満足できる状態になったときに初めて心の込もった介護ができたことになります。利用者とその家族と同じ目線に立ち、同じ痛みを受け止め、一緒に考えていくことができる介護を目指すことが重要です。

１ やむを得ず介護を受けざるを得なくなった利用者への対応

　利用者が満足するとはどういうことでしょう。介護を受ける人の心は介護を必要としない人と比べたら、身体が不自由な分だけ感覚が研ぎ澄まされています。研ぎ澄まされた心に接するために介護する側は、真心を込めて対応しなければなりません。利用者が心からよかったと思えるような介護が、周囲の人に感動と喜びを与えます。その喜びは大きなエネルギーになり、施設の評価にプラスの影響を与えることになります。

２ 利用者を支える家族・親族（介護家族）への対応

　介護を担っている家族は精神的・身体的に大きな負担を抱えています。また、生活上の複合的な問題に悩んでいることも多く、そのような家族には利用者と同じような支援と心くばりが必要です。介

護職員がそれとなく家族の苦労、苦情、ストレスなどを優しく受け止め、心を込めた対応ができたなら、家族は救われた気持ちになり、「この施設を利用してよかった」と思われるはずです。もちろん、家族の最大の関心事は利用者です。利用者の心からの笑顔を見た家族は利用者以上に満足し、その気持ちを多くの方々に伝えることになります。介護事業の経営にはこれ以上のプラスはありません。

❸利用者と直接かかわる職員への対応

　介護職員も普通の人間であり、心の奥底で悩んでいることがあります。「介護福祉専門職」や「プロ」と言われ、やらなければいけないことはわかっていても、「負担の大きさを理解してほしい」「努力を認めてほしい」「誰でもいいから一声かけてほしい」と心のなかでは叫んでいます。こうした介護職員の孤独さに対して周囲の人々の優しいサポートがあれば、介護職員にも笑顔が戻り、それが周囲のすべての人々に伝わることで組織そのものが変わります。一人が組織を変え、組織が一人を変えることができるのです。

❹介護・福祉に関連する行政（介護行政支援者）への対応

　行政関係者が施設を訪れたとき、施設関係者すべてから「いつもお世話になっております。ありがとうございます」と声をかけられたらどうでしょうか。行政関係者も人の子です。利用者から相談を受けたとき、感じのよい施設を紹介したくなるはずです。そのため、いろいろな施設を比較できる立場の人も大切にしておく必要があります。施設を訪れる人はすべて「大切なお客様」です。心を込めて対応しましょう。

5 介護施設を取り巻く地域の人々（見守り支援者）への対応

　介護施設と地域との関係は密接であることが重要です。地域の協力、見守り、支援等は介護施設運営に大切な役割を持ちます。地域の自治会役員、民生委員、ボランティアグループなど、地域住民との相互理解は施設運営に大きな役割を果たします。地域の行事には積極的に参加し、交流を深めておくことが必要です。

　郵便局員、宅配業者の方々も大切なお客様です。地域の方々は強力な支援者であり、心強い味方となります。地域の方々と心の交流を深めておくことは、いつでも相談がしやすい雰囲気をつくることになります。それは組織そのものの評価を高め、経営に大きく影響を与えます。

（3）現場の職員だけが介護職員ではない

　介護の仕事にかかわっている人とは、実際の現場で利用者と接し、介護業務を行っている人だけではありません。なかには、「自分は現場にかかわっていないから、介護を知らなくても大丈夫！」と思っている職員もいますが、施設の利用者や家族は、そこで働いているすべての職員が介護のスペシャリストだと考え、介護を知っていて当たり前だと思っています。施設の管理者や事務職員など、実際の現場で介護を行っていない職員であっても、「どのような対応が介護現場で必要か」「どのような介護を実践していかなければならないのか」について理解しておくことが重要です。職種の壁を取り払い、「職員一人ひとりが施設の看板を背負って仕事をしている」という認識を強く持ち、常に利用者とその家族に心を向け、現場で働いている介護職員の心くばりを一緒に実践することが求められます。

2 「心くばり介護道」で介護の心を学ぶ

(1) 20年以上の現場経験を体系化した「心くばり介護道」

　武田流「心くばり介護道」とは、創始者・家元である武田直美が20年以上にわたり培ってきた現場経験を集大成し、体系化した介護従事者のための実践ノウハウです。常に「一期一会の精神」を持ち、利用者やその家族を第一に考えながら介護サービスを提供していけるように、介護のプロとして必要な心の育成を目指します。

　「心くばり介護道」には、形として残るものはありません。利用者を大切に思う心を言葉にして伝え、行動に移していきます。そのためには「きめこまやか法」を実践・活用します。

●きめこまやか法

> ・き〜〈気くばり〉
> ・め〜〈目くばり〉
> ・こ〜〈心くばり〉
> ・ま〜〈まっすぐな心〉
> ・や〜〈優しい声かけ〉
> ・か〜〈変わらない心（平常心）〉

　実際に「きめこまやか法」を行動に移していくことで思いが伝わり、利用者の心に届き、痛みが和らいだり、心が穏やかになったり、笑顔を引き出すことができたとしたら、その心は生きていることになります。利用者に「今日も楽しかった」「今日はいっぱい笑ったな」「いい人生だった」と思っていただけるような介護サービスを提供することが大切です。

「そんなことをやっても無駄!」「現場ではできない!」「時間がない!」

こうした言葉をよく耳にします。実行に移す前に頭だけで考え、試してもいないうちからあきらめています。自分の物差しだけで判断をして、利用者自身のことを考えていません。無駄があってこその人生です。無駄なのか、無理なのかは利用者本人が判断することです。利用者が何を求めているかを把握し、「この人に出会えてよかった」「介護してもらえて楽しかった」「仕事は遅いけど、そばで話をしてくれるとホッとする」と思ってもらえるように、利用者を第一に考えて行動しましょう。

(2) 心が伝わらなければ、介護ではない!

どんなにすばらしい技術を持っていても、その手から温もりが伝わらなければ、本当によい介護とは呼べません。多少ぎこちない手つきでも、利用者に対する態度や表情、言葉に心がこもっていれば、指先からその思いが伝わり、温もりのある介護を感じとっていただけるものです。利用者が最後を迎えたときに「いい人生が送れたな」と思っていただけるような、心が伝わる介護を目指します。

「ご飯を食べることができる」「座ってお茶を飲むことができる」「トイレで排泄ができた」

高齢者はごく当たり前の日常生活に喜びを感じます。利用者の意欲を少しでも高め、日々の生活を楽しめるようにすることが、介護従事者としての重要な役割です。介護は利用者のこれからの生き方や生活をよりよくするためのお手伝いができるすばらしい仕事です。そのことを誇りに思い、行動できる人材を目指しましょう。

介護従事者は現場で一番に求められる「介護の心」をしっかりと

利用者に伝える手段を持たなければいけません。「心くばり介護道」では、「心のかかわり方」の技法を学ぶことで、健全な介護経営に必要な優れた人材の育成を目指しています。現場から生まれた実践的で広範囲な知識を網羅し、職員のレベルに応じてスキルを習得できる点に特徴があります。

(3)「心くばり介護道」を学ぶ人の職業倫理

「心くばり介護道」を学ぶ人の職業倫理としては、次のようなものが挙げられます。

■1 介護専門職としての自覚意識
①プロの介護職員としての意識を持つ
②自分の仕事に責任を持つ
③利用者の生命を預かっていることを認識する
④介護職員の業務は主婦の延長線ではないことを認識する
⑤介護職員にとって利用者の家は仕事場であり、利用者にとって自分の家は城である

■2 社会人意識
①社会人としての一般常識を持つ
②挨拶はサービス行為の基本である
③清潔な服装、身だしなみ、言葉づかいに注意する

■3 利用者本位
①利用者の話をよく聴き、相手の気持ちを受け止めることができる

②傾聴・受容・共感は対応の基本である

4 連携意識
①チームの一員としての自覚を持つ
②個人で活動をしているのではなく、チームで仕事をしているという認識を持つ
③統一したケアができる→介護職員間の共通理解
④自分が一番という意識は持たない

5 自立支援
①利用者の人格を尊重し、自立の支援を心がける
②人生の先輩に学ぶという謙虚な気持ちを持つ

6 信頼関係の構築
①利用者・家族との信頼関係を大切にする
②公私混同しないようにする

7 守秘義務の遂行
①利用者の個人情報を決して外部に漏らさない
②ルールを守りプライバシーを尊重する
③事業所、施設等の情報、または介護職員の個人情報を利用者に漏らさない

8 自己管理
①専門職としての自己管理をする
②食事、睡眠、休養の管理を怠らない
③健康な心と身体を維持することは必須条件である

④ボディメカニクス（力学的原理を活用した介護方法）を体得する
⑤ストレスマネジメント（ストレスに対する適切な対処）が上手にできるようにする

9 知識技術向上
①常に向上心を持つ
②関連書籍を読む
③研修に参加し自分を磨く
④介護専門職としての専門性や役割を意識して技術の向上に努める

10 理想と目標設定
①目標は高く持つ
②ステップアップを目指す
③初任者研修（旧ホームヘルパー2級）、サービス提供責任者、介護福祉士、介護支援専門員（ケアマネジャー）への挑戦
④常に反省と見直しを繰り返し、サービスの質向上に努める

（4）利用者に対する心くばりと専門職としての心得

「心くばり介護道」を実践するにあたっては、常に次のことを大切にしてください。

1 個人の人格の尊重
①認知症や障害があっても人として尊重する
②自己決定を重んじ価値観を大切にする

❷ 相手の身になる
①相手の立場に立って考える
②気持ちの理解や共感をする
③態度で表現して、肯定的に寄り添う気持ちを持つ

❸ 謙虚な態度
①人生の先輩から教えていただくという態度や気持ちを持つ
②命令指示は高齢者の心を傷つける場合もあるため気をつける
③利用者を「ちゃん」づけ、ニックネームなどで呼ばない（かえって馬鹿にした態度に聞こえてしまう）

❹ 高齢者の理解
①身体機能の変化、知的能力、精神面を知っておく
②学んだ内容は、技術能力として表出しなければならない

❺ 高齢者の自立を促し、残存機能を引き出す
①残っている機能を使うことで生活空間を拡大し、自立生活へと導く
②利用者の安全、安心、安楽（心地よさ）を常に心に置く

❻ 改善意識
①自分にできることは何かを常に意識する
②利用者の最優先の幸福とは何かを常に意識する
③今よりもっと幸福にしてあげたい、それが無理なら現状を維持させてあげたいと心から願う

ワークシート① 介護を志す心／きっかけ

〔テーマ〕

介護とは何か

〔設　問〕

あなたは介護から何を連想しますか？ 何でも思うことを自由に述べてください。施設や事業所で全員の回答を聞いて、自分の回答を再度考えます。

◆よいイメージと理由

◆悪いイメージと理由

〔検　討〕

介護するうえで大切なことは何か話し合います。どんな意見でも否定的に受け取らないようにしましょう。

他の人の「よい意見」「なるほどという意見」を積極的に取り入れて、サービスの向上につなげる「きっかけ」にしましょう。

3 「感動・感謝・感激」の心の3K職場をつくる

(1) 手に伝わる・声に伝わる「介護の心」

　実際に介護の現場で一番に求められ、介護職員が持たなければならないものが「介護の心」です。介護の心は次のようにたくさんの言葉で表現することができます。

●介護の心とは
- ・「気づき」
- ・「思いやり」
- ・「ホスピタリティ」
- ・「おもてなし」
- ・「相手を尊重する」
- ・「寄り添う心」
- ・「優しい笑顔」

　「あと何年生きられるのか」「明日は元気でいられるのか」
　高齢者は年を重ねるごとに、より多くの不安や寂しさ、焦燥感を抱えて生きていくようになるのではないでしょうか。常に「一人の人として」「自分らしく生きたい」と願っているはずです。そんなときにそばにいて、自分の気持ちに寄り添ってくれる人がいたら、どんなに心強いでしょう。それが私たち介護職員の仕事です。「介護の心」は、介護職員が多くの現場で体験した知識・経験だけを積み重ねてできるものではありません。相手を思いやる気持ちが「手に伝わる」「声に伝わる」からこそ利用者に喜んでもらえるのです。

深刻な高齢社会を迎え、介護専門職はプロとしての質が問われています。武田流「心くばり介護道」を学ぶことで、「介護の心」を理解して、質の高い介護を学んでいただきたいと思っています。

（2）自分がしてもらって、心地よい介護を目指す

■1 普通に暮らすこととは？

　普通にご飯を食べて、普通に会話をして、普通に笑って怒って、普通にお風呂に入って……。それが普通の暮らしです。しかし、年をとると、今まで自分が普通にしてきたことができなくなったり、忘れてしまうことが多くなります。普通が普通でなくなれば、気持ちでは、「まだできる」「ここまでは大丈夫」と思っていても、身体がついていかなくなり、少しずつ自信を失っていきます。やがて、次のように考え、元気がなくなってしまいます。

・家のなかでは自分は不要だと思い込むようになる
・少しずつ自分の殻にこもってしまい、ご飯のときくらいしか部屋から出てこなくなってしまう
・できるだけ、家族には迷惑をかけないように暮らそうとする
・家族もできるだけ、今のままを保とうとしてしまう

　これが年をとるということです。介護の現場でも、利用者から「まだできる」「ここまでなら大丈夫」と言われ、その言葉をうのみにして流れ作業のような介護が行われていることがあります。介護職員のなかには「これでいいの？」と心の隅で疑問を持っている方もいるのではないでしょうか。利用者と「もっと話がしたい」「もっとかかわりたい」というジレンマと戦っているのです。本人も「元気に暮らしたい」、そして、その家族や職員も「暮らしてほしい」と願っています。

●介護者がいつも思っている気持ち

【家族】
・今後の自分の家族の介護のために勉強したい
・これからの介護に不安を感じている
・いつか介護の仕事に就きたい
・私しか介護をする人がいない

【介護職員】
・お年寄りにどんな風に接してよいかがわからない
・もっとよい介護をしてあげたい
・しっかりと話を聞いてあげたい
・病気を認めたい
・介護についてもっと知りたい
・忙しいけどもっとよい介護をしてあげたい
・お年寄りが好きだから、もっと知りたい
・現在、介護の仕事をしていて、よりよい介護をしたい
・認知症をもっと知りたい
・現在、介護の仕事をしていて、大変に思っている
・同僚とうまく付き合っていきたい
・笑顔が見える介護がしたい
・もっと家族によいアドバイスがしたい
・家族の声を聴いてあげたい

❷利用者を思う気持ち

「今まで話もしないで黙々とご飯を食べて部屋に戻っていた方が、隣の人と話をしながらご飯を食べ、大きな声で笑うことができた」

こんなことがあったら、そして、介護職員のちょっとした心くばりで、利用者がいつもより気持ちのよい1日を過ごすことができた

ら、どんなに楽しいでしょう。

　福祉の教科書ではよく「最後まで尊厳を守り、その人らしい生き方を……」と書かれていますが、尊厳を守るのは当たり前です。大切なのは利用者が最後まで「笑顔でいられたか」「大切に思ってもらえたか」ではないでしょうか。

　だからこそ、介護をする側がしっかりと基本を身につけたうえで、常に自分の行動や考えに責任を持ち、利用者一人ひとりに対して真剣に心をくばることが重要です。

　もし利用者が亡くなってしまったとしても、「昨日はいい笑顔だったよね」「お風呂気持ちいいって言っていたよね」「大きく口を開いて笑っていたよね」と自分の行った介護で笑顔でいてくれたことに、自信と誇りが持てるようになってほしいと思います。

❸ 心を伝える

　「心くばり介護道」では日常の小さな心くばりを重ねることを大切にしています。利用者に「一人の人として大切に思っています」「いつでもあなたを見ています」という心を伝えることが重要です。

　特別なことのように思われるかもしれませんが、「自分がしてもらって心地よいこと」を行えばいいのです。

　気持ちをかける、心をかける、必要な声をかけることで、利用者が心地よく過ごせる、ごくごく当たり前の介護をすればいいのです。心やぬくもりが伝わらない介護であるなら、それは利用者にとって無意味なものであり、苦痛でしかありません。

　今まで行っていた介護を振り返り、見直すことで、介護のプロとしての意識と心くばりをもっともっと磨いてほしいと思います。

(3) 介護には武道の精神「心・技・体」が必要

　介護現場では、介護する側が自分の１つひとつの動作や会話のなかの声の調子、スピード、目線などを常に意識して心をくばらなければなりません。意識をしていない介護は、誰にでもできる普通の身の回りのお世話でしかないからです。

　介護のプロは常に「心・技・体」の意識を持つことが重要です。

心〜	・相手を思いやる心
	・大切に思っている心
	・一人の人格を認める心
	・常に平らな心（平常心）
技〜技術⇒	・介護技術
	・コミュニケーション技術
知識⇒	・医学的知識
	・服薬の知識
	・メンタルの知識
体〜	・健康で動ける体
	・健康な心
	・いつも同じ心を保てるような体調管理

　これらすべてが備わってこそ、介護は成り立ちます。どれか１つが欠けても成り立ちません。「心くばり介護道」の真髄は、「心・技・体」です。それを意識した介護を私たちの手で実践しましょう。

(4)「感動・感謝・感激」の心の３Ｋ職場へ

　介護の職場は３Ｋと言われています。

```
・きつい（重労働）
・汚　い（排泄介助）
・危　険（病気感染）
```

　また、この３Ｋに「給料が安い」を加え、３Ｋ＋１Ｋと言われることもあります。
　確かに介護は大変な仕事ではありますが、「見方」を変えると、それは「味方」にもなります。それが利用者との信頼関係につながるのです。

```
・きつい（重労働）　　…技術を向上させ磨きをかけることで、
　　　　　　　　　　　　安全を守ることができる
・汚　い（排泄介助）　…毎日の健康観察で体調をみることがで
　　　　　　　　　　　　きる
・危　険（病気感染）　…介護者の注意で危険から守ることがで
　　　　　　　　　　　　きる
```

　ただ、福祉が好きだから、お年寄りが好きだからという熱い思いだけではできないのが介護の仕事です。介護専門職は、常に利用者自身の日常を守り、支える仕事だという、プロとしての自覚を持つことが重要です。「きつい・汚い・危険」を「感動・感謝・感激」の「心の３Ｋ」に変えることができるかどうかは、私たち介護職員のかかわり方次第なのです。

```
・「感　動」を利用者と一緒に分かち合うことができる
・「感　謝」を利用者・家族からいただくことができる
・「感　激」を利用者と一緒に味わうことができる
```

（5）「ニコッ！」とした笑顔が最良の介護をもたらす

　悲しいことに、介護職員のなかには、利用者を「物」として扱っている方がいて、目も合わせず、会話もせず、淡々と介護を進めている方がいます。そうした介護職員は自分がしていることに気がついていません。利用者が何を求めているのか、何を望んでいるのかに気づこうともしないで、それが当たり前のように仕事をしています。たとえ小さくても声を一言かけることが、高齢者に生きていく力や生きる気力を与えます。それが相手を一人の「人」として尊重するということです。心からの笑顔と心からの一言で、自分自身も喜びや感動を受け取ることができ、明日の活力につながっていきます。利用者に対して「いつもあなたの近くで、見ています」「大切に思っています」という心を素直に届けることが重要です。

　「心くばり介護道」を実践して、どんな小さなことにでも気づきを持って取り組める意識を育ててください。心をかけることを忘れて介護をするということは、その人個人の存在を認めていないということにつながります。介護する側も介護される側も、そんな悲しい介護では楽しくありません。

　高齢者は、大きなことは求めていません。日常の当たり前の、ちょっとした笑顔、ちょっとした声かけを待っています。そっけなく「はい！お茶置いときますね」ではなく、「ニコッ！」とした笑顔でしっかりと利用者の顔を見ながら「のどが乾きましたか？　お茶はここに置いておきますね。熱いので気をつけてくださいね」と声をかけます。この一言と笑顔だけで、与える印象はまったく違います。

　介護に携わる方には、「いつもあなたのことを大切に思って、気にかけています」という心が伝わるような、その一言が言える介護

者になってもらいたいのです。そして、利用者から「ありがとう」という、心からの感謝の言葉がいただけるような、心のある介護者であってほしいと願っています。小さな気づきを積み上げ、小さな気づきをたくさん感じて、高齢者が「最後まで、その人らしく、笑顔でいられる」ように寄り添った介護ができたら最高です。

　武田流「心くばり介護道」から、1つでも多くの心を学び、大きな力として蓄え、これからの介護に活かしてください。

4 介護現場のクレームと向き合うときの心構え

(1) クレームに関する基本的考え

　介護事業者や職員に対して、利用者とその家族が何らかのクレームを寄せる理由は、その技術や知識、または施設そのものに抱いていた信頼や期待を裏切られたと考えるからです。それは利用者やその家族の高い関心の表れでもあり、今後もサービスを利用したり、親身になって家族を介護してほしいという願いから好意的に意見を発信しているのだと考えましょう。

●クレームに対する心構え
　①クレームは利用者とその家族が期待している証拠
　②クレームは情報やアイデアの宝庫
　③クレームは避けられない
　④自分の能力を高めるチャンス
　⑤苦情とはとらえず、「ありがたい情報」と考える
　⑥適切なクレーム対応によって信頼を深める

(2) クレーム処理を実践するうえでの基本的な考え方

　実際のクレーム処理にあたっては、**図表1-4-1**の考え方に沿って対応しましょう。

【図表1-4-1】クレーム処理の基本的な考え方

1	顧客との信頼関係をつくる	迷惑をかけてしまったことに対して素直に、丁寧に詫びる
2	状況を把握する	話を十分に聞いて事実を確認し、利用者・家族の要望が何であるのかを突きとめる
3	問題を解決する	対応策を考え、利用者・家族に納得のいく説明をしたうえで迅速に行動に移す
4	クレームへの感謝とフォロー	クレームを寄せていただいたことに感謝し、事後のアフターフォローを忘れない
5	クレームをチャンスとして活かす	クレームで得た情報を全員で共有し、類似クレームの再発防止とサービス・現場の改善に活かす

5 介護現場の危機予防と信用向上

（1）介護現場においてリスクマネジメントが求められる背景

　介護保険制度が導入される以前は、行政の「措置」によって介護サービスが提供されていました。そのためあらゆる義務と責任は行政が負い、実際にサービスを提供する事業者や介護職員は、サービス内容に関する責任を問われることはほとんどありませんでした。しかし、現在の介護保険制度のもとでは、利用者と事業者はそれぞれが自己責任を負って、直接契約を交わすことで介護サービスを利用し、提供すると位置づけられています。

　つまり、社会福祉基礎構造改革により、それまでの措置制度から個人の自立支援を促し、自己決定により福祉サービスを利用する制度へ転換され、事業者が責任を負うようになったことで、リスクマネジメントが重要な経営課題となったのです。

■1 経営者が強い意志を持って取り組む

　福祉サービスにおいてはリスクマネジメントを「サービスの質の向上」として捉え、組織全体で取り組んでいくことが大切です。そのためには、経営者自らが組織の現状を十分に認識したうえで、強い意志を持って取り組んでいく必要があります。経営者自身が強い意志を持つことで、すべての介護職員のリスクマネジメントに対する意識を高め、サービスの質の向上に積極的に取り組む意義が伝わります。

2 リスクを回避するためにはコミュニケーションが重要

　介護職員には、技術や人柄のよさはもとより、コミュニケーション能力が求められます。利用者は日頃からコミュニケーションがうまくとれていれば、不都合なことや言葉にしにくいことでも介護職員に直接相談しやすくなります。しかし、コミュニケーションがうまくとれていなかったり、とても事務的であると感じていれば、ほんの些細なことでも介護職員を通り越して、その上司や事業所に直接連絡がいってしまうものです。

　介護職員は対人援助技術のプロであるプライドを持ち、利用者やその家族とうまくコミュニケーションをとりながらサービスを提供していかなければなりません。

3 リスクは思い込みから発生する

　利用者と初めて顔を会わせるとき、利用者の情報をどのくらい持ち合わせ、サービス内容をどのように把握しているでしょうか。高齢者の身体状況は多くの場合、加齢とともに変化していきます。サービスの提供が長期にわたると、初めに書かれていた利用者の基本情報と現在の状況が変わっていることがあります。情報の種類によっては主観的なものもあって、他の介護職員ならできたことでも自分はできないこともあります。正しくない情報を持ってサービスを行うことや、情報をうのみにして援助することは、介護事故や苦情につながることがあります。

　特に介護度の高い利用者については、介護サービスに入る前の様子を記録等から確認するとともに、サービス提供時に自分の目で確認することが必要です。利用者の状況は絶えず変化します。介護職員は常に利用者の生命をお預かりして守ることを心に留めていなければなりません。与えられた情報をうのみにして、介護職員の思い

込みだけでサービスを提供することは危険です。しっかりと自分で観察するように心がけてください。

4 事故後対策の４つのポイント

①事故が起きたら、スピーディーに確実に対応する
- 救命
- 救急車の手配（死亡時は警察への通報）
- 上司への報告
- 家族への報告

②組織で対応する
- 個人の責任ではなく、事業所責任者が先頭に立ち、対応・解決に努める（決して担当職員を追いつめない）
- 事実をありのままに隠さず報告する（事故発生時の連絡や対応ルートを事前に明確にしておく）

③事故報告書を作成して共有する
- 事故報告書を作成（事故当事者が必ず作成することが重要）
- 対策会議の開催（スタッフ全員がその事故の原因や対策を共有して安全な介護につなげる）

④「きめこまやか」な対応を心がけて事故を防ぐ

き～〈気くばり〉
- 「いつでもあなたを見ていますよ」と利用者が感じられるような安心感を与える
- 気持ちをいつでも利用者に向ける力を持つ

め～〈目くばり〉
- 他の仕事をしていても、常に利用者から目を離さないように配慮する
- 利用者が動きそうなとき、動いたときにはすぐに声をかけて、

見過ごさない力を持つ
こ〜〈心くばり〉
　・今どんなことを希望しているのか、どんなことを行っておけば安全が保てるかを、本人の状態を見ながら配慮する
　・心を相手に向け、表情や話からリスクを読み取る力を持つ
ま〜〈まっすぐな心〉
　・他の人の状況報告だけで終わらせずに、自分の目でも事実確認をする
　・利用者の性格等も人の話だけで判断をすることなく、介護者の尺度で決めつけない
　・「いつもこうだから……」ではなく、日々の心と身体の変化を察する力を持つ
や〜〈優しい声かけ〉
　・ゆっくりと優しい声をかけることで、利用者は精神や行動が安定する
　・利用者は自分に声をかけてくれたということだけで、うれしく感じる
　・コミュニケーションのなかに潜むリスクを察して、事故になる前に対応する力を持つ
か〜〈変わらない心（平常心）〉
　・介護職員の気持ちが安定できる職場づくり
　・職場に来たときには、いつも平常心で対応できる力を持つ

5 介護のプロとしての意識を高める
・プロとしての知識の向上
・プロとしての介護技術の向上
・プロとしてのコミュニケーション能力の向上

> **ワークシート②** 現場での情報共有（報・連・相）事例

　報告書や引き継ぎ書類は、重要な情報共有手段であり、利用者のサービス向上のためには必要不可欠なものです。報告書には、どのような事態が発生し、どのように処理したのか、事実をわかりやすく簡潔にまとめます。とりわけ身体状況の変化に関しては詳細に記入しましょう。

　すべての介護職員がチームとして利用者の状況を把握したうえで介護を行うことが、利用者の安全・安心・安楽を確保し、信頼関係を深めることにもつながっていきます。次の事例と実際の報告書を参考に記載するようにしましょう。

●利用者Ｄ山さん（91歳男性／軽度の認知症あり）

　Ｄ山さんは朝から数回のくしゃみをしていたが、食欲もあり施設のレクリエーションにも元気に参加。昼食も夕食も残さずとられていた。

　Ａ職員が就寝前（20時50分頃）に居室を訪問して体調確認をしたところ、少し赤い顔をしていたので、熱を測定すると37度6分あった。頭が痛い、のどが痛い等の訴えはなかった。朝から便が出ないので、「少しお腹が張る」との話があった。

〔介護職員の対応内容〕

　①21時にＡ職員から、看護師に連絡して次のような指示をもらう
　　・便秘時に飲む薬の提供と十分な水分補給
　　・頭部を冷やして、夜間居室訪問時には毎回、体温測定をする
　　・38度以上の発熱が見られた場合は、看護師と家族に報告する
　②21時30分　便秘薬服用、水分補給（300cc）
　③24時　体温測定　⇒　体温37.5度、脈70

④3時　体温測定　⇒　体温37.4度、脈68
⑤6時　体温測定　⇒　体温37.6度、脈73
⑥7時　排便確認
⑦9時　体温測定　⇒　37.2度、脈68
⑧9時15分　引き継ぎ
⑨9時30分　看護師より家族に体調報告

●実際の報告書

H24年4月4日(水曜日)　　　　対応担当者名：A

部屋	103号室		名前	D山　○○	
状況	日　時	平成24年4月4日(水曜日)			
	場　所	D山さん居室にて			
	現　状	就寝前(20時50分頃)に居室を訪問して体調確認。 少し赤い顔をしていたので、熱を測定すると37度6分あった。 頭が痛い・のどが痛い等の訴えはなし。 朝から便が出ないので「少しお腹が張る」との訴えあり。			
報告事項	21時看護師に電話連絡。		指示内容	・便秘時に飲む薬の提供と十分な水分補給の指示。 ・頭部を冷やして、夜間居室訪問時には毎回の体温測定の指示。 ・38度以上の発熱が見られた場合は、看護師と家族に報告するように指示。	
経過	AM・(PM)　20：50		37度6分		
	(AM)・PM　24：00		37度5分　脈70		
	(AM)・PM　3：00		37度4分　脈68		
	(AM)・PM　9：00		37度2分　脈68		
現在の状況	(AM)・PM　9：15 ・発熱は、37度5分前後。特に体調の変化の訴えなし。 ・朝7時に排便確認。便の形状も良好。腹部の訴えはなし。				
報告	【家族への報告】(AM)・PM　9：30 ・昨晩からの体温の変化を報告。高齢でもあるので、通院をすすめる。				
本日の対応	【看護師の指示・対応】 ・頭、のど等の痛みの訴えはないが高齢なので、今日1日は体温の変化に気をつける。 ・脱水症状を起こす危険と便秘をする危険もあるので、水分補給を十分に行う。 ・1日の食事量の観察を行う。 ・緊急時はかかりつけ病院に連絡。家族にも速やかに連絡を入れる。 【介護職員の対応】 ・日常の体調確認の他に居室訪問の回数を増やして、身体状況の変化に気をつける。 ・食事等は体調が悪ければ、居室に配膳をして対応する。 【家族への対応】 ・看護師から連絡をして、昨日の対応内容を報告する。今後の対応についても確認する。 ・D山さんの緊急時の対応の確認と、病院搬送時の確認をしておく。				

集団と個別でできる人材育成法

1 介護専門職としての プロ意識を育てる

(1) 介護をするうえでの心構え

❶ 介護専門職としてのプロ意識を持つ

・利用者が満足する介護・対応を提供する
・報酬に値する仕事を行う

　利用者や家族は、介護職員すべてが「介護のプロだ」と考え、信頼をして介護を任せています。介護の仕事にかかわっている以上は介護のプロフェッショナルであり、仕事に言い訳はききません。利用者に満足していただけるように、常に意識を高め、介護のプロフェッショナルとしての技術と心を磨くことが重要になります。

❷ 利用者を一番に優先する

・いつも利用者優先で考えて行動する
・利用者が笑顔で暮らせる介護を行う
・利用者が施設の財産であることを常に意識する

　介護の仕事は、利用者の人生にかかわる仕事です。介護職員は利用者が今、この時間を大切に生きていけるように、利用者の気持ちを一番に優先しなければいけません。常に心地よく、笑顔で暮らせるように支えることが重要です。また、介護事業者は介護を提供することで、介護報酬をいただいています。プロとしての自覚を持ち、サービスの質をさらに磨く努力を惜しまないことが大切です。

3 チームワーク

- いつも明るく元気に仕事に取り組む
- スタッフ同士が協力して仕事に取り組む
- 「報・連・相」をしっかりと行う
- スタッフ間のマナーを守る

　介護の仕事は24時間フル稼働で動く職場です。そして、たくさんのスタッフがさまざまな時間の割り振りのなかで、チームワークを発揮して働いています。

　一人の利用者に複数のスタッフがかかわることが多く、利用者の安全や安心を守るためには「報・連・相」を怠らず、スタッフ全員の意思統一と協力が不可欠となります。

4 責任感

- 介護専門職としての役割を認識する
- 自分の行っている介護に責任を持ってかかわり、取り組む

　利用者やその家族は介護職員の1つひとつの行動を見て、施設全体を評価します。自分が施設の顔になっていることを意識しましょう。利用者の命を預かっていることを常に心がけ、利用者一人ひとりの介護に対して、前向きに責任を持って取り組むことが大切です。

5 介護の仕方の工夫

- 介護の基本を理解し、利用者の持っている力を活かして、介護に応用する
- 優先順位を決めて取り組む
- 今までの知識、経験、新しい情報を活用して、取り組む

・仕事の手順を理解して、時間配分を意識した仕事を行う

　利用者の身体能力向上のためにも残存能力を引き出して、普段の生活を楽しく過ごせるように心くばりをすることが大切です。

　安全で安心な介護の質を保ちながら、効率を上げる工夫をすることで、時間に余裕ができるかもしれません。その時間を利用者とのふれあいにあてれば、よりかかわりを深め信頼へとつなげることができます。

6 自己啓発・自己能力開発（自分磨き）

・職場内研修や学習会へ参加する
・職場外での講習会や研修会に積極的に参加する
・さまざまな分野から情報収集を行う
・多職種の人たちとの交流、意見交換の場へ積極的に参加する
・資格にチャレンジする

　時代が変化していくように、高齢者の生活や要望も変化し、多様化しています。そのなかで、介護職員も専門職としての知識を得るためにたくさん学んでいくことが大切です。積極的に職場内外の研修に参加して知識を得て、それを現場に活かしていきましょう。資格の取得を目指すことで目標ができれば、自分自身の意識の向上につながります。実際に資格を取得すれば大きな自信になり、まわりからの信頼を得ることもできるでしょう。

7 信頼の構築

・自分の手の空いた時間は、協力して介護する
・一人で背負わないで、協力をお願いする

> ・同僚へのマナーを大切にする（挨拶・表情・態度・言葉づかい・身だしなみ）
> ・仕事のルールを守る（急な早退・遅刻、休暇等を避ける）
> ・利用者の正確な身体状況の報告（口頭＋引き継ぎ書）
> ・報告後の確認（引き継ぎ書＋口頭での報告）

　常に同僚、一緒に働いてくれているスタッフがいることを考え、利用者や家族同様に心くばりを怠らないことが、お互いの信頼を構築するうえで重要です。

（2）介護専門職に求められる資質

■ 利用者を最優先に考える
　介護は利用者の生活を支える仕事であるため、常に利用者の意向を一番に重視して支援していく力が必要です。

■ 社会人としてのマナー
　身だしなみ（髪型、髪の色、服装、化粧等）、言葉づかい、態度など一般社会人としてのマナーを心がけていることが大切です。利用者、家族からの信頼を得るためには、しっかりとした接遇マナーが重要になってきます。

■ 高いコミュニケーション能力
　さまざまな個性を持った利用者や家族に対応して、信頼のある介護を提供するためにも、高いコミュニケーション能力が要求されます。

4 ストレスと上手につきあえる

利用者の心理的、精神的つらさと直面するため、場合によっては身体よりも精神にストレスがかかる仕事です。自分自身の健康な身体と心を保つために、日頃からリラックスする時間をつくり、気分転換を図っていく必要があります。

5 不快感を与えない身だしなみ

戦前・戦後を生活してきた高齢者に不快感を与えないような身だしなみを心がけましょう。人に接するときは身だしなみを整えて接することが「当たり前」とされています。介護は利用者に安心を与え、安全を守る仕事です。高齢者やその家族、関係者等が見て、安心して介護を任せることができる「当たり前」の服装、身だしなみを心がけましょう。直接、身体に触れる業務が多いため、利用者に生理的不快感を与えないように気をくばり、衣服についたタバコの臭いや口臭、香水などにも気をつけます。

(3) 介護専門職としての役割

1 生活支援と介護

介護職員は、在宅で生活を送っている高齢者、障害者、およびその介護者(家族)の生活空間に入り、その生活を維持し継続できるように援助する仕事を行います。生活空間がどのようであれ、意識してありのままを受け入れる姿勢を持たなければなりません。また、生活空間に入るということは、利用者やその家族とより密接にかかわるため、信頼関係を築く努力が必要とされます。

介護は、生活援助を受ける利用者を理解し、ありのままを受けとめ、利用者の「自立」と「その人らしい生活」を支援する行為である

ため、介護職員は、利用者の援助がどこまで必要かを考え、自立を促します。そのためには、介護職員自身が豊かな人間性と感性を持ち、専門的な知識、技術に基づいたサービスを提供することが求められます。

2 地域の特性を理解する

　利用者を支援するうえで利用者が暮らす地域の特性をとらえておくことも重要です。たとえば、「石段や坂道が多い」とか「段差がある」「冬には雪が多い」などは外出をするときの障害となり、閉じこもりの原因にもつながります。また、その地域における社会資源を知り、利用者やその家族のニーズにあわせた社会資源が利用できるように関係機関と連携していきます。

　家族介護の負担の軽減を図るためには地域資源を活用し、地域で支え合うことも必要です。特に認知症の場合は、長期化することが多く、対応も千差万別です。訪問介護が利用者やその家族のニーズに対応できるようになると、地域に根ざした支えとなり、大きな役割を果たすことにもなります。

3 他職種との連携

　利用者の生活は多種多様です。介護職員は利用者のそばでサービスを行うため、利用者の変化やニーズを把握しやすい状況にあります。しかし、多様なニーズに対して、介護職員が解決できる範囲は限られており、そのようなときは他の職種との連携が必要とされます。関連ある職種を理解し連携することが、利用者のニーズの解決につながります。

　かかわりのある職種とは、次のようなものが挙げられます。

・看護師	・作業療法士
・保健師	・言語聴覚士
・医　師	・社会福祉士
・理学療法士	・ケアマネジャー
・栄養士	

(4) 対応の基本

1 利用者を理解する

　その人らしい生活ができるように支援することが介護サービスの基本です。まずは利用者がこれまでどのような生活をしてきたのかを理解しましょう。また、利用者を理解するためには、ありのままを受け入れて、尊重して接することが大切です。

　援助をする際は、表面的な言葉の意味だけに目を向けるのではなく、利用者の気持ちを自分からわかろうとする姿勢を持ち、言葉の背景にある感情を探ります。そのようなかかわり合いを通して、利用者の気持ちに寄り添うことができるようになったときから、真のコミュニケーションが始まります。

2 共感をする

　「共感」とは、他人の体験する感情を自分のことのように感じることです。よい聴き手とは、先走った解釈をせずに自分の気持ちを脇におきながら利用者の気持ちに寄り添います。利用者と感情を共にしたり、気持ちを受け止めたりすることができれば、そこから利用者の精神が安定し、信頼関係につながります。信頼関係の根底にあるものこそが共感です。大切なのは、利用者の「わかってほしい」という気持ちに立ち、一緒に喜び、悲しむという姿勢です。

3 観察・傾聴・確認

　人は、それまでの経験から自らの性格を築いています。介護職員は、この個人が築いてきた人生を丸ごと受け止めます。個人的な判断で一方的に評価するのではなく、その人をかけがえのない個人としてあるがままに受け止めるところから共感は始まります。

　利用者に共感し、深い信頼関係を築くためには、利用者の気持ちをわかろうとする姿勢が大切になります。この姿勢は、①深く観る（観察）、②よく聴く（傾聴）、③確かめる（確認）という3つの基本姿勢から成り立っています。

　観察は、利用者を注意深く観て、その情報を客観的にとらえることです。言葉の他に顔色、服装、態度、しぐさ、介護場面以外での様子、身体的側面、精神的側面、社会的側面などをよく観察しながら気持ちが表現されているところに注目します。そして、背後にある感情もくみとるようにします。観察には、知識、経験が必要とされます。

　傾聴は、利用者が伝えたいと願っていることを、心を傾けて聴きとろうとすることです。利用者は何かを伝えるときに、その背後にある気持ちまで理解してほしいと願っていることが多くあります。利用者は心から聴こうとする態度に心を開き、不安や心配事なども言いやすくなります。

　観察、傾聴して、わかったことを利用者に確認することで、利用者の心に寄り添えているかどうかが判断できます。利用者は自分の気持ちを十分に理解してくれたと感じることで、安心感や満足感を得ます。そこから相互の信頼関係も確立されていくのです。

4 感情を知る

　人間の感情には、「喜び」「不安」「怒り」「悲しさ」「苦しさ」な

どがあります。利用者の感情を的確にとらえることで、要求が見えてくることがあります。たとえば、「……で寂しさを感じていたんですね」や「……で不安があったんですね」などの言葉かけにより、利用者の感情を明確化することができます。

　感情の明確化は、コミュニケーションの成立に効果的ですが、慣れないと難しいテクニックです。まずは、共感における観察、傾聴、確認の基本姿勢によって、利用者の気持ちに近づくことを心がけましょう。そこから徐々に感情を明確化することで、利用者の気持ちに寄り添うことができるようになります。

5 沈黙の理解

　利用者が沈黙する理由はさまざまですが、会話を通して利用者と心の波長を合わせたり、言葉にならない沈黙から送られるメッセージをとらえ、そこに共感していくことが利用者の心を開かせることにつながります。

　介護職員にはその沈黙につき合い、沈黙している利用者を受け入れる姿勢が必要とされます。逆に沈黙をといて利用者に話をしてもらおうと無理強いしてはいけません。当たり障りのない話や、短く答えやすい質問をする程度にします。沈黙を尊重しながらも、利用者を理解したいという態度が何よりも大切です。言葉にならなくても、送られてくるメッセージは多いものです。

　コミュニケーションの成立には、共感が欠かせません。表情や身体の微妙な変化から、気持ちを表わす声にならないメッセージをとらえられるように、心がけましょう。

6 質を高める

　利用者の心の奥深くにある思いや、心の傷などを十分に理解する

のは大変難しいことです。理解をするためには絶えず人間として成長・成熟を続けなければなりません。日々、現場で知識や経験を積みながら徐々に共感できるようになることが、自分自身の質を高めることにつながります。利用者の人生を少しでも豊かにし、自分らしく生きることができるように、支援することが介護職員に求められる役割です。自分の考えや経験を利用者に押し付けるのではなく、利用者一人ひとりの多様な生活、文化、価値観を尊重しながら、科学的根拠に基づいた介護・援助の技術と人間の尊厳を根底に置いたサービスを提供するところに、介護職員の存在意義があるのです。

2 利用者のQOLを高めるコミュニケーション

（1）コミュニケーションの本質を知る

1 コミュニケーションの伝達

　コミュニケーションには、言語というチャネルを通じた言語的コミュニケーションと、言語以外のチャネルを介した非言語的コミュニケーションがあります（figure **図表2-2-1**）。

　言語的コミュニケーションで、相手に自分の意図を的確に伝えるためには、言葉の種類、声の大きさ、話す速度、アクセント、間のとり方などをそれまでの知識や経験をもとに選びながら表現します。言葉以外の非言語的コミュニケーションには、表情やまなざし、身振り、相手との間に保たれる空間距離のとり方などがあります。

　アメリカの心理学者アルバート・メラビアンは、人の行動が他

【図表2-2-1】主なコミュニケーション・チャネル（経路、手段、回路）

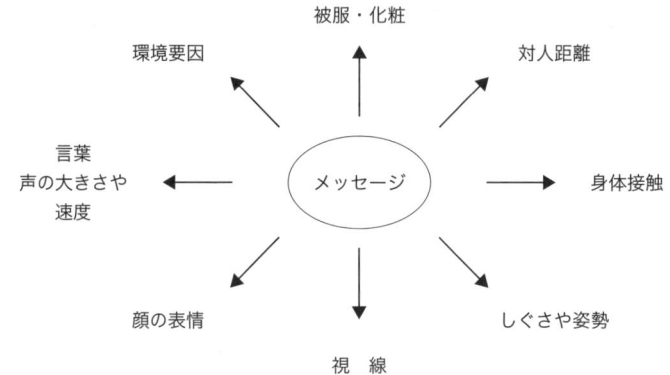

　　　　　　　　　　　　被服・化粧
環境要因　　　↑　　　対人距離
　　　↖　　　｜　　　↗
言葉
声の大きさや　←　メッセージ　→　身体接触
速度
　　　↙　　　｜　　　↘
顔の表情　　　↓　　　しぐさや姿勢
　　　　　　　視　線

メッセージはさまざまなチャネルを通じて伝えられ、そのチャネルは互いに関連する。

人にどのように影響を及ぼすかという実験において、言語情報（Verbal）は7％、聴覚情報（Vocal）が38％、視覚情報（Visual）が55％の割合であることを明らかにしました（メラビアンの法則、図表2-2-2）。つまり、コミュニケーションの伝達手段のなかで、「表情」の重要性がもっとも高く、次いで「声」、「話の内容」の順となっています。これは多くの学者の意見と一致します。

【図表2-2-2】メラビアンの法則

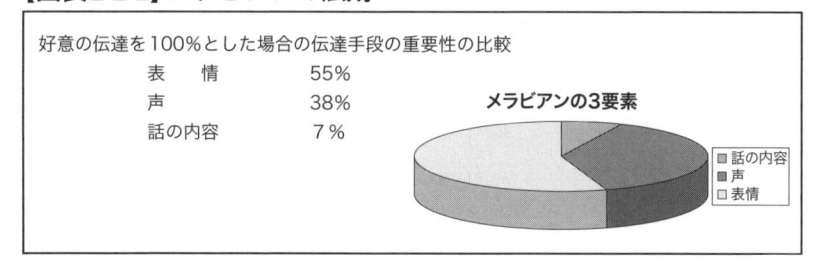

好意の伝達を100％とした場合の伝達手段の重要性の比較

表　　情	55％
声	38％
話の内容	7％

メラビアンの3要素
- 話の内容
- 声
- 表情

2 コミュニケーションの要因

　私たちは日々の営みのなかで、音声・身体・事物等を手がかりとして、他の人と心理的に意味のあるメッセージを伝え合っています。これを対人的コミュニケーションと言います。

　コミュニケーションの伝達手段には、言葉による会話・視線・しぐさ・身体接触等があります。対人関係においては、送り手のメッセージを受け手がどう認知し、解読するかが問題となります。コミュニケーションに作用する個人の要因としては、パーソナリティ、表現や理解の能力などが挙げられます。

（2）コミュニケーションの技法

　コミュニケーションという言葉は、生活のなかで広範囲に用いら

れています。人と人とが出会うところには、必ずコミュニケーションがあります。コミュニケーションには感情の伝え合いと情報の伝え合いがあります。この伝え合いのなかから感情をくみとり、表情や沈黙からメッセージをつかむことでコミュニケーションは成立します。コミュニケーションが成立するためには、相手の話を聴く姿勢（傾聴）と、聴いてすべてを受け入れる姿勢（受容）、そして相手の体験している感情を自分のことのように感じる姿勢（共感）が求められます。次に３つの姿勢について述べます。

1 傾聴（聴く）

「きく」には「聞く」と「聴く」の２種類があり、「聞く」は、一般的に話や音など努力しなくても聞こえてくることを指します。

「傾聴」の場合の「きく」は、会話している相手の話を、全身全霊をもって「聴く」ことを指します。つまり、傾聴とは話の内容から気持ちの流れを聴き、相手が伝えたいことに心を傾けることです。この姿勢は相手に安心感を持たせ、自由に話したいという思いを抱かせます。誰かの気持ちを聴くときは、自分の心を空っぽにして相手の話に集中します。

2 受容

目の前で話をしている相手の感情を、ありのままに受け入れます。相手によっては、肯定的感情だけでなく、その人が抱く不安や孤独、苛立ちといった否定的感情を表すことがあります。それでも自分の価値感で批判したり、評価をせず、ありのままを受け入れます。

3 共感

人はそれぞれ違った環境で生き、生活をしてきた歴史があり、考

え方や、価値感に違いがあります。共感では相手の私的な世界をあたかも自分自身のものであるかのように感じとります。この「あたかも……のように」という姿勢を失わないことが大切です。どのようなときでも相手を理解するように努め、非難をすることなく、「なぜそうなったのか」を多面的に考えます。

(3) コミュニケーションの仕組みと結果

コミュニケーションにより、情報を交換することで、目的意識、問題意識が共有化されます。感情を伝達することにより、相互理解が促進されます(**図表2-2-3**)。

【図表2-2-3】コミュニケーションの仕組みと結果

A：お客様、被介護者、患者
B：コーチ、上司、介護者、医師、看護師

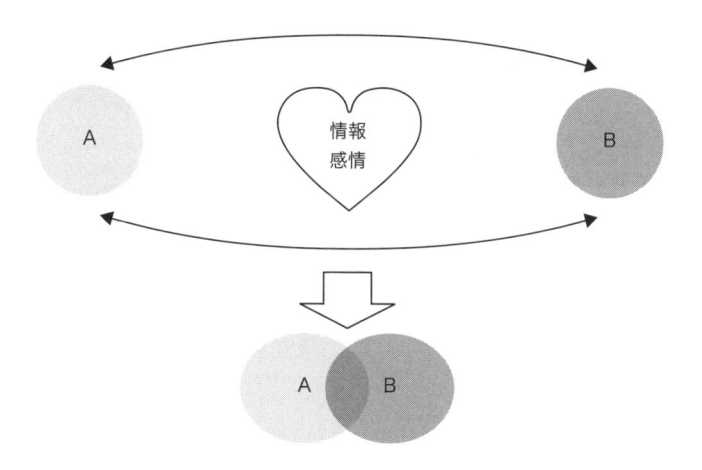

〔課題1〕「さくら」について浮かぶイメージを1つあげてください。自分のイメージと他の人のイメージを比較します。

自分のイメージ(A)

他の人のイメージ(B)

　言葉1つでも人によってそのイメージは随分、違います。
　お互いのイメージを近づけるのがコミュニケーションであり、重なっている共通部分を大きくしていくことがコミュニケーションの目的です。

(4) ロールプレイ「聞かない聞き方」

　2人1組になり話し手と聞き手を決めてください。話し手は、あなたの好きな食べ物について1分間話します。聞き手は、腕を組み、偉そうにして、決して目を合わせないでください。発言も一切しません。1分間が経ったら、話し手、聞き手を交代して、もう一度同じように1分間行ってください。
　相手に影響を与える要素は、言語(言葉づかい、話の内容)、音声(耳から入る声の調子)、態度(目から入る身振り、手振り、外見)などがあります。どのように感じたかを話し合いましょう。

（5）コミュニケーションの際の座り方

コミュニケーションの際の座り方には、次の3通りの座り方があります（**図表2-2-4**）。

●対面法

お互いに向かいあって会話をします。親しい場合だと特に違和感なく会話できますが、相談や初対面だと目線をそらしにくいため、話を遠慮しがちになってしまいます。また目線をそらし過ぎると、「話を聞いてくれていなのでは」と思われることもあります（面談や相談のときには注意をします）。

●90度法（直角法）

机の角を挟んで90度の角度で会話をします。お互いに真正面ではないため、時々視線を合わせたりすることで会話がしやすくなります。また、話している相手の顔を正面から直視しなくても済むため、照れくささは軽減します。

●平衡法
　面接や相談では、あまり使用はしない座り方です。普段の会話や、これから何かを話すときに会話がしやすく、お互いの距離感によって、親密さが変わる座り方です。

【図表2-2-4】人と人の座り方

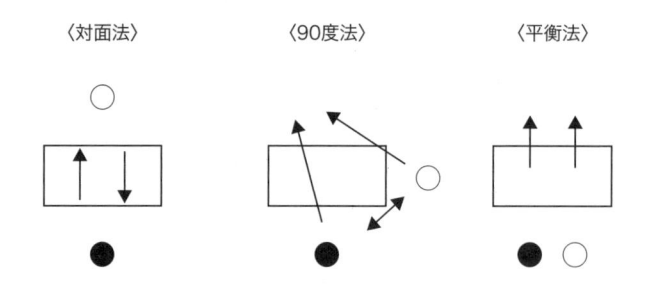

〈対面法〉　　　〈90度法〉　　　〈平衡法〉

また、イスしかない場合は、イスの向きを直して「ハの字」に座る。

（6）介護職のためのコミュニケーション

❶ 利用者のすべてを受け止め援助する

　疾病や高齢により身体機能や精神的機能が衰え、生活行為が自分でできなくなると、生活を維持するために他者の援助が必要になります。その援助を行うのが専門家としての介護職です。
　介護サービスを提供するうえでは、利用者の生活歴や価値観、経済面、家族関係などを知り、その人にあった介護方法が組み立てられます。介護職はこの介護方法に沿って、できるだけ本人の生き方

を大切にした介護が行えるよう利用者のライフスタイル、価値観、趣味、嗜好を理解し、それを尊重する姿勢が求められます。そして、その人らしく生きていくことができるよう、その人の築き上げた人生をすべて受け止め援助します。

介護の基本は、人と人との信頼関係です。介護職の質が直接介護サービスの質を左右するだけに、介護職は専門職としての質の高さを備えていなければなりません。その質を決めるものこそコミュニケーションです。

介護職にとってコミュニケーションのベースにあるのは、利用者を理解したうえでの援助的かかわりです。援助的かかわりは、お互いが理解し合い、相互的信頼関係が生まれたところに成立します。

援助的かかわりを通して、利用者が自立した生活に向け生涯発達ができるように努力し、介護職はその実現を目指し援助します。

2 コミュニケーションは利用者を理解するためのもの

コミュニケーションとは心と心を通い合わせることです。コミュニケーションがなくても表面上は介護の仕事を遂行できますが、それでは利用者に与える心理的不安は計り知れません。食事や排泄など、生命にかかわる部分を信頼できない人に委ねることは、苦痛以外の何ものでもないからです。

お互いの交流を促し、信頼関係を築くためには、利用者を理解することが大切です。介護職が利用者の立場に立ち、利用者が生きてきた歴史や生活習慣、価値観、身体状況、心理状態などすべてを受け入れることで、利用者は安心感を持ちます。この「受け入れ」と「安心」が両輪となって、相互に信頼関係が成り立ち、コミュニケーションは形づくられます。

コミュニケーションの方法は、言葉や会話だけではありません。

相づちの打ち方、表情、目つき、態度、姿勢、振る舞いなども大きな役割を果たします。これらの点に注意して、利用者の心の声に耳を傾ける「傾聴」、利用者の示す感情表現や表に現れない感情に心を寄せ、その思いを共有する「共感」、利用者の思いを引き出しやすいようにする「質問」によって、互いに理解を深めるコミュニケーションを成立させていくことが大切です。

コミュニケーションの過程には「送り手と受け手」、その間で行き交う「メッセージ」、そのメッセージを伝える「伝達経路」の3つの要素が含まれています。

一方でコミュニケーションの過程には、コミュニケーションを阻害する物理的、身体的、心理的な3種類の「雑音」という要素も含まれます。これらの阻害要因や、送り手と受け手の環境の違いを理解し、乗り越えたところでなければコミュニケーションは成立しません。

お互いが理解し合い、コミュニケーションが成立して初めて、双方向の意思のキャッチボールが可能になるのです。

3 コミュニケーションのマナー

コミュニケーションは会話のなかから感情をくみとったり、表情から気持ちをくみとったり、あるいは沈黙のなかのメッセージをつかむことなどから成立します。聴き上手のポイントには次のようなものがあります。

> ・適切なあいづちや、うながしを交え、自分の同意を表しながら話を整理・復唱して聴く
> ・利用者のペースで聴いていく
> ・利用者と目の高さを合わせて真剣に聴く

「聴き上手」の態度は、利用者の警戒心を解き、信頼関係を向上させます。たとえ言葉の少ない利用者に対しても、ちょっとした声かけをしたり、話をきちんと聴く態度で接することで、利用者を徐々に理解することができます。

　利用者のプライバシーを厳守することも、コミュニケーションをつくるうえでは欠かせません。たとえば、介護職員が居室に入室する際、ノックすることは常識的なことです。介護を通して知り得た利用者のプライバシーに関する情報を第三者に漏らすことは、決してあってはいけないことです。利用者のプライバシーを尊重し、守ろうとする姿勢が、人格を尊重する介護につながり、信頼関係を築き上げていくうえで大変重要な要素となるのです。

4 コミュニケーションとは意図的なもの

　可能な限り自立した生活を営みたいという思いは、誰でも抱く願いです。しかし、心身の衰えや肉体的・精神的不調により、援助が必要になることもあります。

　高齢者は日常生活においての自由が制限され、援助による依存的な場面が増えることで無力感が生じやすくなります。さらに、それまで培ってきた自尊心や自信が失われやすくなっています。

　介護の援助に求められるものは、できる限り自分で日常生活を送れるようにするための、自立支援です。自立支援とは、その人の生き方や価値観に寄り添いながら、その人なりの達成感を視野に入れた意図的で計画的なかかわりです。

　介護には、利用者と介護職員の信頼関係が不可欠です。自立という目的を共有し、信頼関係を築き上げるためには、積極的なコミュニケーションを図ることが大切で、そこから自立した生活に向けた支援がスタートします。

信頼関係は援助行為を積み重ねるなかで培われてきます。それだけに、介護職員は1つひとつの援助行為を大切にしなくてはいけません。適切な声かけをしたり、要求を引き出す努力をしながら、援助をしていくことが大切です。

　ときには失敗や間違いを起こすこともあるでしょう。そのときに隠蔽(いんぺい)したり、責任転嫁をすると、利用者は反感を覚えます。素直に非を詫びる行為に、利用者は誠意を感じるものです。利用者の信頼を得るには誠意を持って接することと、責任ある態度をとることが最も大切なのです。

5 利用者の主体性を尊重したコミュニケーション

　コミュニケーションを通して、介護を利用する人と介護職員の双方が成長し合うことが大切です。人格と人格とがかかわり合い、命と生活を共有するという相互作用のなかで成長していかなければ、介護の価値は上がりません。

　介護は人を愛する気持ちが出発点になり、介護職員の豊かな人間性が技術の質を左右します。一方、利用者をいとおしむ気持ちが強すぎるとコミュニケーションに失敗することもあります。善意から必要以上に仕事を進めると、介護職員が自分のペースと判断で援助を進めてしまい、利用者が置き去りにされることもあり、援助を逸脱した強制や被支配的な関係も生じかねません。

　介護職員の視点の特徴は、その人の意思を尊重するところにあります。あくまで利用者の個人としての主体性を尊重し、価値観に共感して、そのペースに合わせて介護しなければ、援助におけるコミュニケーションを成立させることはできないのです。

6 コミュニケーションにおける双方の距離

　利用者に対しては、礼儀正しく接して敬意を表します。敬語を使って正しく話すことで、自分は重要な人間なんだという気持ちを利用者に起こさせます。敬語を使うことは、介護職員と利用者を近づける第一歩です。

　礼儀を失する態度は、人間の自尊心を傷つけ敵意を引き起こします。たとえば、認知症の症状がある利用者に、子ども扱いした話し方をすれば、利用者は心を開いてくれません。また高慢な態度では、それを敏感に察知して心を閉ざしてしまいます。このように礼儀のない言葉や態度で接していては、利用者と介護職員の溝は深まり、壁はますます高くなって、良好な関係からは遠ざかっていきます。

　一方、コミュニケーションがとれて信頼関係が生じると、利用者との適切な距離を見失うことがあります。介護職員と利用者の関係に慣れ合いが生じてしまい、サービス範囲外の要求を拒否できなくなったり、プライバシーに介入してしまったり、介護サービスから逸脱してしまうことにもなりかねません。依存的傾向の強い利用者が近寄ってきても無理に遠ざける必要はありませんが、介護職員自らが積極的に利用者の懐深くまで入り込むのは適切ではありません。

　人が人を支えるヒューマンな仕事に従事する介護職員にとって、利用者との距離は「遠からず、決して近すぎず」というのが原則なのです。

7 コミュニケーションを阻むもの

　介護職員の何気ない一言が利用者の気持ちを害したり、相互のコミュニケーションの妨げになることもあるので注意が必要です。

　高齢になると、自分のペースを乱されたとたんに、それまで持っていた意欲をなくしてしまうことがあります。たとえば、利用者の

テンポを無視して、利用者との会話の途中で話の腰を折って中断したり、他の話題を持ちかけるのは厳禁です。感情を害するだけでなく黙り込んで口を閉ざすこともあり、そのような状態に陥ると、利用者の要求を聞き出すことが一層困難になります。

　また、利用者の身体の痛みや不自由さをきちんと理解せず、むやみに同情的な慰めや励ましをすることは、利用者が自分の障害と向き合おうとする気持ちを逆なでします。自分の痛みや障害を受け入れるには、身体的・精神的・社会的に、さまざまな困難を伴います。叱咤激励するだけでは、意欲を引き出すことはできません。かえって反発を招くこともあるのです。

　できるだけコミュニケーションをとろうと一方的に話しかけたり、逆に口下手だからと沈黙が多いのも、利用者との間で気まずい感情が生じやすくなります。コミュニケーションは相互的な行為です。自分が主体的になったかかわりでは、コミュニケーションを成立させることができません。また、利用者のプライベートなことを質問したり、好奇心から探りを入れるような態度は不信を招きます。一度不信感を抱くとコミュニケーションを回復するのに大変な時間がかかることを、常に心のなかにとめておくことが大切です。

8 チームケアにおけるコミュニケーション

　在宅ケアでは、保健・福祉・医療・その他関連する専門職が相互に共同・連携することでケアが成立しています。さまざまな領域の専門職が共同で取り組むチームアプローチにより、質の高い介護が実現されるのです。

　チームとして最も適切で質の高いケアサービスを提供するためには、各専門職の知識と技術を利用者の個別的なニーズに応じて提供していくことが前提となります。それぞれの専門職が持っている能

力を正しく理解し、認識して信頼するというコミュニケーションを形成することで、相互活用が可能になります。

　チームケアにおいては、チーム内での情報共有は大変重要です。他職種の仕事の内容を理解し、どのようなケアを行ったのかをお互いに把握することは、チーム内の信頼感を高めることにつながります。介護職員は特に利用者の変化や異常に気づきやすい立場にいますので、その情報がチームに有効に活かされるようにすることが大切です。

　チーム内が支持的・共感的な雰囲気で、メンバー同士尊重し合うコミュニケーションは、利用者への支援には欠かせません。チームが同じ目標に向かって活動し、内容や方法について検討・改善しながらチーム全体で実感することは、チームケアの質を高め利用者の意思と自己決定を尊重したチームケアの展開につながっていきます。

ワークシート③ コミュニケーションスキル チェックシート

　各設問を読んで「はい」「いいえ」「時々」のうち、最も当てはまるものに○印を付けます。62ページの「集計の方法」に従い、採点することで、自分の得意な部分と不得意な部分を確認します。「あなた自身のコメント」にはチェックシートを見てどのように思ったかを素直に書いてください。また、「コーチとしてのコメント」には第三者の視点に立ち、自分にアドバイスをしてください。

番号	設問内容	はい	いいえ	時々
1	人と話し合うとき、言いたいことがうまく表現できますか			
2	質問されて意味がよくわからない場合、それを明確にするために、聞き返しますか			
3	説明しているとき、相手が先にあなたの言おうとしていることを言ってしまうことがありますか			
4	何か伝えるとき、丁寧に言わなくても相手にはわかると思って、十分に説明しないことがありますか			
5	話し合いのとき、相手があなたの言うことをどう感じているか確かめるために、質問をしますか			
6	他の人と話をするのが難しいですか			
7	話し合っているとき、相手にも自分にも興味のあることについて話しますか			
8	周囲の人と意見が違うとき、自分の意見を表明するのに難しさを感じますか			
9	話し合っているとき、相手の立場を理解しようと努力しますか			
10	話し合っているとき、相手より多くしゃべる場合がありますか			
11	あなたの声の調子が、相手にどんな影響を与えるか気づいていますか			
12	ただ相手を傷つけたり、事態を悪化させるような類のことであれば、口にするのを躊躇しますか			
13	他の人からの建設的な批判を受け入れるのは難しいですか			
14	誰かがあなたの感情を傷つけた場合、それについて、その相手と話し合いますか			
15	あなたが誰かの感情を傷つけた場合、あとでお詫びしますか			
16	誰かに反対されたり、同情されなかったりした場合、非常に腹立たしく感じますか			
17	誰かに対して怒りを覚えると、冷静に考えることが難しくなりますか			
18	相手が怒るのを恐れて、反対するのをやめますか			

19	誰かとの間に問題が起きた場合、それについて怒らずに話し合うことができますか			
20	他の人との間に意見の食い違いが生じた場合、自分のとる処置に常に自分自身で満足していますか			
21	他の人があなたに怒りを表明した場合、かなり長い間不機嫌になりますか			
22	他の人からほめられたりすると、照れくさくなりますか			
23	一般的にいって、他の人を信頼することができますか			
24	他の人をほめたり、尊敬を表したりすることが難しいですか			
25	自分の失敗や欠点を、意図的に覆い隠そうとしますか			
26	他の人があなたを理解するのを助けるように、自分の考え、感情、信念などを表明しますか			
27	他人を信頼して秘密を打ち明けることが難しいですか			
28	自分が感情的になりそうになったとき、話題を変えようとする傾向がありますか			
29	話し合いのとき、相手が話し終わるまで、それについての自分の反応を示さないでいますか			
30	話し合いの途中で、気が散ってしまうことがありますか			
31	相手の言おうとすること(意味)を理解しようと努力しますか			
32	あなたが話しているとき、相手はそれをよく聞いているように思いますか			
33	討論になったとき、他の人たちの見方でものを見ることは難しいですか			
34	実際には聞いていないのに、相手の話をよく聞いているようなふりをしますか			
35	話し合いのとき、相手の言っていることと、感じていることとの間にある食い違いを指摘できますか			
36	話している間、あなたの言っていることに他の人たちがどのように反応しているかに気づいていますか			
37	他の人たちが、あなたがもっと違った人であればと願っていることを感じますか			
38	他の人たちは、あなたの気持ちを理解していると感じますか			
39	いつも自分が正しいと思っているように見える、と他の人に指摘されますか			
40	自分が間違っている場合、それを認めますか			

あなた自身のコメント：
コーチとしてのコメント：

第2章 集団と個別でできる人材育成法

〈集計の方法〉
①得点表に従って各項目の点数を調べます
　　（例：1問目で、「はい」の欄に○印を付けていれば3点、「いいえ」の欄に○印を付けていれば0点、「時々」の欄に○印を付けていれば2点になります）

〈得点表〉

番号	はい	いいえ	時々	番号	はい	いいえ	時々	番号	はい	いいえ	時々	番号	はい	いいえ	時々
1	3	0	2	11	3	0	2	21	0	3	1	31	3	0	2
2	3	0	2	12	3	0	2	22	0	3	1	32	3	0	2
3	0	3	1	13	0	3	1	23	3	0	2	33	0	3	1
4	0	3	1	14	3	0	2	24	0	3	1	34	0	3	1
5	3	0	2	15	3	0	2	25	0	3	1	35	3	0	2
6	0	3	1	16	0	3	1	26	3	0	2	36	3	0	2
7	3	0	2	17	0	3	1	27	0	3	1	37	0	3	1
8	0	3	1	18	0	3	1	28	0	3	1	38	3	0	2
9	3	0	2	19	0	3	2	29	3	0	2	39	0	3	1
10	0	3	1	20	3	0	2	30	0	3	1	40	3	0	2

②項目ごとに得点を記入して合計点を出す
　　項目は「自己概念」「自己開示」「感情の取り扱い」「明確な表現」「傾聴」の5種類があり、普段の自分のコミュニケーションにおける特徴を知る目安になります。

〈自己概念〉		〈自己開示〉		〈感情の取り扱い〉		〈明確な表現〉		〈傾　聴〉	
番号	点数	番号	点数	番号	点数	番号	点数	番号	点数
6		5		14		1		2	
7		23		15		3		9	
8		25		16		4		10	
13		26		17		11		29	
22		27		18		12		30	
37		28		19		24		31	
38		35		20		32		33	
40		39		21		36		34	
合計	/24	合計	/24	合計	/24	合計	/24	合計	/24

1）自己概念：明確な自己概念とは、「私は何者であるか」という認識の明確化のことをいう。「職業は」「年齢は」「役職は」「性格は」「身上は」「何を信じるか」「何ができるか」「何が大切か」など。

2）自己開示：自分の考え方、感情、意見などを隠さずに打ち明けること。相手との親密さを満たし、信頼を得るために最も有効な方法である。自分が心を打ち明けることによって、

相手も打ち明けてくれる。自信の欠けている人ほど隠したがり、防衛的になり、他人をますます近づきにくくさせることになる。
3）感情の取り扱い：相手の会話や態度、業績等を積極的に評価し、苦労や努力の経緯に心から共感する態度や、それを表現する方法が重要である。
4）明確な表現：「何を言いたいかわからない」ということは、自己概念と積極的傾聴が不足している場合に起こる。明確に自己を認識し、適切な表現を心がけることが重要である。
5）傾聴：他人の話す言葉に耳を傾けて聴き、心の内面を理解しようとすること。

3 心くばり
コミュニケーション

(1) 心くばりコミュニケーションとは

　介護の仕事の根底には人への思いやりと優しさがあります。介護は相手がいることを常に意識して、その人にとって何が幸せなのかを心の底から考えて行動することが必要となります。また、自分自身がされてうれしい介護も考えながら行動に移すことも重要です。介護はその人の今まで背負ってきたものをありのままに受け入れて、人としてかかわる仕事です。介護職員は、利用者の見えない背景や心の変化にいつも気をくばり、心を感じとる力が必要になってきます。だからこそ、一人ひとりに心を傾けての「きめこまやか」な気くばりが重要な鍵となります。

　言葉をかけるということは、いつも「気持ちを伝える」「心を伝える」ということです。利用者を「一人の人としてあなたを見ています」「あなたを大切に思い尊敬をしています」との思いを伝えることです。

　利用者は介護職員の思いを敏感に感じとっています。認知症がない方はもちろんですが、認知症のある方は「忘れてしまう」という不安を抱えているため、もっともっと敏感に思いを受けとり、感じています。ですから、自分がどんなにすばらしい敬語を使ってコミュニケーションをとっていたとしても、個人を大切に思っている気持ちが利用者の心に伝わらなければ、無意味なただの声かけになってしまいます。

　単に話しかけるだけでは心を伝えることはできません。プロとし

ての技術も必要になります。何気なく話をするのは、近所の立ち話と同じです。常に「介護の心」を意識した対応を心がけなければなりません。「今どんなことをこの人は求めているか」を、真っ直ぐな気持ちで受け取り対応することが重要です。コミュニケーションでは、次のことを大切にしましょう。

・3秒を大切にする（立ち止まって挨拶をする時間）
・相手の目線に立ち、しっかりと目を見る
・ゆっくりとした口調で優しく話す
・相手の考えている時間を待つ
・相手のうなずきや返答が終わるまでゆっくりと待つ
・様子、体調に合わせて声の大きさや高さ、話す速度を変える
・心からの優しい表情を伝える
・ときにはスキンシップを心がける

1 3秒を大切にする

　しっかり相手のほうに体を向けて、3秒は立ち止まり「〇〇さん、おはようございます」と挨拶をします。たとえ笑顔で元気に挨拶をしたとしても立ち止まらなければ、相手は誰に声をかけているかがわかりません。「今日は、おはようの挨拶もないのか」と思われることにもなります。始まりの挨拶が、その日1日の感情に大きな影響を与えます。

　3秒を惜しまずに、立ち止まり体を利用者に向けて笑顔で元気に挨拶をしましょう。その数秒が、あなたを「大切に思っています」「いつも見ていますよ」「今日も笑顔でがんばろうね」という気持ちを相手に伝えることにつながります。顔を合わせたときのお互いの笑顔が、より深い信頼関係を築いていきます。

〔課題2〕2人1組（利用者役と介護職員役）で「おはようございます」の挨拶をしてみましょう。介護職員は椅子に腰かけている利用者さんに挨拶をしてください。

①通りすがりに、声だけをかけて挨拶をしてみる。

②立ち止まり、利用者のほうに体を向けて明るく挨拶をしてみる。

どのように感じましたか。
①の場合
利 用 者：
介護職員：

②の場合
利 用 者：
介護職員：

[参考例]
①の場合
利 用 者：誰に声をかけているのかわからなかった。
　　　　　ただ、声をかければいいという感じだった。
介護職員：特にいつものことで違和感がなかった。

②の場合
利 用 者：目線が合ってうれしかった。
　　　　　自分に挨拶をしてくれていることがわかった。

介護職員：目線が合うと自然に笑顔で挨拶ができた。
　　　　　　　声かけと一緒に体調を気づかうようになった。

❷ 相手の目線に立ち、しっかりと目を見る

　目線に立つとは、相手が声をかけられて心地よく感じる高さに目線を合わせることです。介護職員が利用者と同じ目線に腰を下ろすことで、自分を同じ位置で見てくれ、話を聴いてくれているという安心した気持ちを持つことができます。「自分を見てくれているんだな」ということを感じてもらうことが重要です。

　目線の高さで相手が受け止める印象や気持ちはまったく違ってきます。声のトーンも、目線の高さを低くしていくうちに、無意識に少しずつ低めになっています。優しい眼差しにもなっています。介護職員はそれを無意識ではなく、常に意識を持って行うことがプロとしての基本です。

　また、角度によっても話しやすい雰囲気をつくることができ、お互いの素直な気持ちを話すことができるようになります。介護の現場では、いつでも話を聴ける態度と雰囲気づくりが、信頼のある会話につなげることができます。

〔課題3〕2人1組（利用者役と介護職員役）で目線の高さを変えて「おはようございます」の挨拶をしてみましょう。介護職員は椅子に腰かけている利用者さんに「〇〇さん、おはようございます。今日の体調はいかがですか？」と挨拶をしてください。

①立ったまま挨拶をする。
②利用者と同じ目線で挨拶をする。
③腰を落として挨拶をする。

どのように感じましたか。

①の場合

利 用 者：

介護職員：

②の場合

利 用 者：

介護職員：

③の場合

利 用 者：

介護職員：

［参考例］

①の場合

利 用 者：首を上げるのがつらかった。
　　　　　上から押さえられている気持ちになった。

介護職員：自分も上から目線のようで嫌だった。

②の場合

利 用 者：対等のような気がした。
　　　　　しっかりと顔を見てくれてよかった。

介護職員：声がかけやすかった。

③の場合

利 用 者：優しさを感じた。

親近感がわいた。
介護職員：何気なく膝に触ったり、利用者との近い距離を感じた。

〔課題4〕図表2-2-4（52ページ）を参考に2人1組で角度を変えて会話をしてみましょう（対面法・90度法）。

手順1：AさんとBさんは向き合い対面法で話をしてください。BさんはAさんにしっかりと視線を向けたままで話を聴いてください。

手順2：1分30秒経過したら、BさんはAさんと直角法で座り、話の続きを聴きます。

手順3：AさんとBさんの役割を交代。もう一度、手順1～2を行ってください。

どのように感じましたか。
・対面法の場合
A：
B：

・直角法の場合
A：
B：

［参考例］
・対面法の場合
A：目線が合いすぎて、話すときに恥ずかしい気がした。
B：あいづちが打ちづらかった。

・直角法の場合
A：時々、目線を外せたので、気安く話すことができた。
B：時々、目を合わせたり、少し視線をずらすことで、集中して話を聴くことができた。

3 ゆっくりとした口調で優しく話す

　声の高さは言葉の表現とは別に、さまざまな感情を表します。「おはようございます」と単調に抑揚のない声をかけたとしたら、「温かみがない」「冷たい」という印象を与えてしまいます。また、早口で強めの口調で「おはようございます」と声をかけられたとしたら、「忙しいのにすまないな」「イライラしているのかな」とマイナスの印象と感情を与えてしまいます。

　ゆっくりと優しい口調で声をかけることで、安心感・温かさ・信頼・喜びの感情に変わります。この感情を持っていただけることで、さらに介護職員と利用者の距離が近くなり、利用者の体調に気づけるようにもなります。介護職員のちょっとした心がけで、利用者の体調維持・管理を行うことが可能となります。

〔課題5〕2人1組（利用者役と介護職員役）で声の速さを変えて「おはようございます」の挨拶をしてみましょう。介護職員は椅子に腰かけている利用者さんに「○○さん、おはようございます。今日の体調はいかがですか？」と挨拶をしてください。

①通りすがりで、早口の挨拶をする。
②相手のほうに体を向けて、ゆっくりとした口調で挨拶をする。
　利用者役と介護職員役を交代して、もう一度①～②を行う。

どのように感じましたか。

①の場合

利　用　者：

介護職員：

②の場合

利　用　者：

介護職員：

[参考例]

①の場合

利　用　者：早くて何を言っているかがわからなった。
　　　　　　誰に挨拶をしているかがわからなかった。

介護職員：特に違和感なく挨拶してしまった。
　　　　　振り返りながらの挨拶で、失礼に感じた。

②の場合

利　用　者：言葉の温かみを感じた。
　　　　　　自分に挨拶をしてくれていることがよくわかった。

介護職員：笑顔で、挨拶を返してくれてうれしかった。
　　　　　利用者さんの体調まで気づかい、観察することができた。

4 相手の考えている時間を待つ

　話をしていると、相手が言葉に詰まり、黙ってしまうことがあります。そんなときには、聴いている側もゆっくりと待つことが大切

です。沈黙が不安になり、相手が考えている時間を急がせてしまうと、本人は焦って本当の気持ちを閉ざしてしまうことになります。穏やかな優しい表情で、相手の言葉を待つ余裕を持つことが重要です。

5 相手のうなずきや返答が終わるまでゆっくりと待つ

　人は話をしていると、次へ次へと気持ちが先走り、相手の返答やうなずきが終わらないうちに次の話へ持っていこうとしてしまいます。特に高齢になると反応が遅くなってきます。話をするということは単に言葉を発するだけではなく、相手の返答をしっかり聴いてから次の行動や話に移ることが重要です。

6 様子、体調に合わせて声の大きさや高さ、話す速度を変える

　利用者はその日の体調によって、聞き取りがよかったり悪かったりします。また障害によっても声の大きさは、相手に大きな影響を与えてしまいます。特に高齢になると聴覚の差が大きくなってくるため、介護職員は利用者一人ひとりの身体状況に合わせた声かけが必要です。介護職員自身も普段から自分の声質を意識して使うことも重要です。

7 心からの優しい表情を伝える

　表情は、非言語的コミュニケーションで一番重要な要素です。表情ひとつで相手に安心感を与えることもできます。逆に不安を募らせることにもなります。

　介護の基本は優しい笑顔が基本です。優しい表情は温かさや優しさ、好意を伝える手段となります。いつもニコニコしている職員には利用者も話がしやすく声をかけてくれます。無表情な職員に対しては、何か言うと怒られるような気持ちになり、心を閉ざしてしま

うことがあるのです。常に笑顔を絶やさずにいることが、介護職員のプロとしての心構えです。

8 ときにはスキンシップを心がける

　思いやりを持って望んでも、言葉や態度に表れなければ相手には通じません。人は肌の温もりを感じたときに、ホットして心が通い合った気持ちになります。高齢者は周囲が考えている以上に孤独感を持っています。横に座って話をする、歩くときに後ろから腰を支えたり、手を触れるだけでも身体の温かさと共に心の温かさも感じ、安心した表情になります。

〔課題6〕**1**〜**8**に気をくばり、利用者に「おはようございます」の挨拶をします。さらに、散歩へお誘いもしてみましょう。
例) 介護職員A　利用者Eさん (椅子に座って外を見ている)

　　A：Eさんおはようございます。

> ［会話例］
> ・昨晩は、ゆっくりお休みになられましたか？
> ・朝食は、美味しく召し上がることができましたか？
> ・夕食後、お元気がなかったようですが、今朝の体調はいかがですか？

　　E：おはようございます。今日は気分がとてもいいです。

A：それはよかったですね。

> [会話例]
> ・今日はとってもいい天気なので、お散歩でも行きませんか？
> ・そろそろ庭のお花たちも咲いてきたので、外に出てみませんか？
> ・春の風にあたってみませんか？

E：だいぶ暖かくなってきたけど、風が冷たいみたいで大丈夫かしら？

A：そうですね。

> [会話例]
> ・もし寒いようでしたら、膝かけか上着を用意しますね。
> ・ご心配でしたら、上着をご用意しましょうか？
> ・近くの花壇のほうを見に行きましょうか？

E：じゃあ、出かけてみようかしら。

A：お花もきれいに咲いているので、楽しみですね。
　　それでは、上着の用意をしてきますので、お待ちください。

〔**課題2**〕から〔**課題6**〕までの心くばりは、いつでも利用者が中心にいます。その方の生活をどのようにしたら楽しくできるのか、どのようにしたら生き甲斐を感じてもらえるのかを支えていくことが介護の仕事です。

　特に〔**課題6**〕は、何気ない外出へのお誘いですが、そのときに、目線の高さ・声の調子・向き合う姿勢・表情・相手の受け答えの様子をみて、状況を判断する要素を入れました。武田流心くばりコミュニケーションの8つの要素を常に意識して取り組むことで、プロの介護職員の心の育成につながります。

(2)「介護する家族」への心くばり

1 介護をする家族の気持ちを理解する

　家族の誰かが病気により言葉が話せなくなったり、脳梗塞等の後遺症で身体が不自由になったとき、他の家族は大きな負担を背負うことになります。介護をしている家族の気持ちを理解して、どのような心くばりをしてコミュニケーションをとればよいのか考えることは、介護をしている家族を支えるためにとても重要です。

　家族の誰かが障害を抱えたときは誰しもショックを受け、とまどい、混乱に陥ります。まわりの人が「介護者の心理の段階」を知ることで、本人を受け入れることができるようになると考えられます。

2 「きめこまやか」なコミュニケーション

　在宅での介護は、介護する人が健康だからこそ利用者の介護ができるのです。介護職員は家族の身体的・精神的な面もサポートをしていく必要があります。

　身体的サポートについては、具体的な家事の支援の相談に乗った

り、介護のちょっとしたアドバイスを行うことで本人・家族の不安が軽減され、安心した介護を行うことができるようになります。

　また、家族は介護の大変さに加えて将来のことや経済的な問題など、さまざまな不安や悩みを抱えて過ごしています。家族の精神的なサポートは、利用者を支えるためにもより大切なことです。次にその具体的な方法を紹介します。

1）挨拶を必ず行う

　挨拶はコミュニケーションの第一歩です。何気ない挨拶を繰り返すことで、少しずつ心が近づいてきます。言葉は伝わらなければ無意味です。相手に伝わるようにはっきり声をかけます。

　挨拶の基本は「明るい声」「明るい表情」「明るい笑顔」です。いつも介護に疲れている家族はその声と表情だけでほっとして、元気が出ます。家族は利用者だけでなく、自分たちのことまで気にかけてくれていることを知り、喜んでくれます。

2）敬意を払う

　敬語で話すことは、人間関係を円滑にするためのマナーであり、相手の思いやりと人格を尊重するための表現です。

　利用者や家族とは、契約に基づく関係であるため、敬語の使用によって、その関係を明確にして、敬意を表現します。敬語を使うと「よそよそしいから嫌だ」という人もいますが、実際にはほとんどの利用者、家族の方は敬語を使われて気分を害することはないでしょう。

　逆に敬語を使わずに話すと「馴れ馴れしい」「礼儀知らずだ」と思われることがあります。利用者、家族との関係性に応じて、敬語は使い分けるようにします。

ワークシート④ 人間関係は挨拶が基本

あなたが該当する欄に○をつけてください。

	質問事項	いつも	時々	していない
1	近所の人と会ったとき、自分から先に挨拶していますか			
2	会社では、明るい声で「おはようございます」と声をかけていますか			
3	ラッシュ時などの、混んだ電車から降りるとき、「すみません、降ります」と声をかけますか			
4	他の会社のエレベーターで乗り合わせるとき、その人に軽く会釈をしていますか			
5	電話をかけたとき、「今、よろしいですか」と相手の都合を確認していますか			
6	宅配便や集金の人に「こんにちは」「ありがとう」など、声をかけていますか			
7	職場から外出するとき、「○○に行ってきます」など、声をかけてから出ますか			
8	出先から職場に戻ったとき、「ただいま帰りました」など、挨拶をしていますか			
9	ビル掃除の人、守衛さんなどに「こんにちは」「お疲れさま」など声をかけていますか			
10	食事のとき、「いただきます」「ごちそうさま」など、声をかけていますか			
	合計			
	総合計			

第2章 集団と個別でできる人材育成法

○採点方法
　　　　いつも　　　：５点
　　　　時々　　　　：３点
　　　　していない　：０点

○診　　断
　　　　40点以上　＝　あなたは好感度のある人間です。
　　　　30点以下　＝　あなたには気くばりが必要です。

○この結果をみてどのように思いましたか

普通に会話をしているときと、サービスを提供しているときや説明をするときなどの状況に応じても使い分けることが大切です。

3）気づかいの言葉

　気づかいとは、今、相手に何か不安はないか、問題はないかを気にかけて心をくばることです。健康状態に気をくばり「昨晩はよく眠れましたか？」「朝食は美味しく召し上がることができましたか？」など声をかけます。そのとき、心身の不調などのサインを見逃さないようにすることが大切です。何気ない一言が心をホッとさせてくれます。本人の体調を確認したあとに、家族に対しても「体調はいかがですか？」「よく眠ることができていますか？」など、声をかけたりすることは、家族の不調のサインを見逃さない心くばりの言葉になります。

4）あいづちとうなずきを示しながら聴く

　毎日、不安を持って介護にあたっている家族は、自分が話をしたときに「そうですか」「それで……」とあいづちを打って話題への関心を持ってもらうことで、「もっと話がしたい」「聴いてもらいたい」「知ってもらいたい」と思い、素直な心の内を話してくれます。
　いくら一生懸命に聴いても、難しい表情だったりあいづちやうなずきがなければ、話を聴こうとする熱意が相手の心に伝わりません。常にあいづちやうなずきを意識して、心を傾けて話を聴くことが重要です。
　話の内容によっては明るくうなずいたり、心配ごとのときはゆっくりと聴いてあいづちを打つと、より家族の気持ちを大切に尊重した反応になります。

5）言葉の一部を繰り返して聴く
　家族のつらい部分「大変でした」「すごくつらいことでした」という感情に対して、「そうですか。とても大変な思いをされたのですね」と置き換えて返すことで、家族のつらい感情を受け止め、話す意欲を高めることができます。
　相手の言葉を繰り返すことで「自分の話を理解してくれているんだ」という安心感につなげることができ、言いたかったことや希望していることに共感することができます。
　言葉だけで共感するのではなく、家族の心情に合わせた表情や動作で応えることで、家族はより気持ちが癒されて、信頼関係を深めることができます。

6）沈黙を待つ
　沈黙を待つことで、自分の思いを頭のなかで整理して考えを深めている時間を持つことができます。より本当の素直な心を話せる機会をつくることができます。また、穏やかな表情で待つことで、緊張をほぐすことができ、次の言葉が出やすくなります。

7）助言をする
　家族の思いを理解し観察したうえで、家族が困っていたり、戸惑っているときに、具体的な介護の仕方・接し方を助言することで安心感を持ってもらえます。その際、「なぜそのようにしたほうがよいのか」という理由もわかりやすく伝えることが大切です。

8）支持をする
　家族の考えに添いながら、開かれた質問をつなげることで、利用者や家族の一番の思いや意向を引き出すことにつなげていくことが

できます。

〔課題7〕家族の気持ちに添うように会話をしてみましょう（不安を持たせる対応）。

施設を利用しているYさんの家族が、久しぶりに面会にいらっしゃいました。
①職員A：Yさん、こんにちは。お久しぶりですね。お母さまは、娘さんが来ないと言って寂しがっていましたよ。
②家族Y：こんにちは（少し元気がない）。
③職員A：お母さまから、「最近、娘の仕事が忙しくて心配なんです」と伺っていました。フルタイムのお仕事は大変ですね。家のことやお母さまのこともあると疲れますよね。
④家族Y：そうなんです。忙しくて……。家に帰ってきても疲れてしまい、母のところにも週に1度くらいしか来ていないのが申し訳ないと思っていたんです。施設のほうに預けっぱなしのような気がして……。
⑤職員A：そうですね。お母さまもいつも心配されていますよ。今、お母さまの体調は安定していますが、高齢なので心配はあります。やはり、週に1回は来所していただけると私たちも安心です。
⑥家族Y：（少し時間をおいて）申し訳ありません。
⑦職員A：お母さまの介護は、娘さんの責任です。忙しいときは、お電話いただければ、お母さまにもお話をしておきます。緊急なことがあればこちらからもお電話でお話いたします。仕事が落ち着いたら、今まで通

　　　　りでお願いします。
⑧家族Y：はい。よろしくお願いいたします（元気がない）。

どのように感じましたか。

〔ポイント解説〕
①職員A：最初からこの話題に入ってしまうと来たくても来られなかった娘さんの気持ちが沈んでしまいます。お母さんが娘さんのことを心配していることを知っている職員は、まず娘さんに対して「お変わりございませんか？」の問いかけがあるとよいでしょう。
②家族Y：娘さんの表情を察知して元気のない理由をさりげなく訊ねてみる必要があります。
⑤職員A：娘さんにプレッシャーや罪悪感を与えてしまいます。仕事で疲れている娘さんの状況を感じとれるように心がけましょう。
⑦職員A：プレッシャーや罪悪感を与えてしまいます。施設側からの高圧的な言葉は娘さんの気持ちを萎えさせてしまいます。

〔総評〕
　全体的に職員が娘さんを責めているような印象があり、娘さんはつらくなります。介護職員は、家族にも事情があることを理解することが大切です。娘さんが1週間に1度来所することが大変な状況であれば、娘さんの責任感や義務感よりご自分の身体を大事にしてもらうことを伝えるようにします。
　施設は、娘さんをフォローするためのさまざまな方法を考え

ることができます。とにかく娘さんが来なくてはいけないと思い詰めて体調を崩してしまったり、精神面でも不安を持たないような対応や声かけをしていくことが大切です。

〔課題8〕家族の気持ちに添うように会話をしてみましょう（安心感が持てる対応）。

施設を利用しているＹさんの家族が、久しぶりに面会にいらっしゃいました。
①職員Ａ：Ｙさん、こんにちは。いつもお忙しいなか、来ていただきありがとうございます。
②家族Ｙ：こんにちは（少し元気がない）。
③職員Ａ：お母さまから、「最近、娘の仕事が忙しくて心配なんです」と伺っていました。フルタイムのお仕事は大変ですね。家のことやお母さまのこともあるので体調のほうは大丈夫ですか？　体調を崩されていませんか？
④家族Ｙ：そうなんです。忙しくて……。家に帰ってきても疲れてしまい、母のところにも週に1度くらいしか来ていないのが、申し訳ないと思っていたんです。施設のほうに預けっぱなしのような気がして……。
⑤職員Ａ：そのような、ご心配はいりませんよ。お忙しいなか、来ていただき、私たちも感謝しております。今、お母さまの体調は安定していますので心配はいりませんよ。ご自分の身体も休ませてくださいね。
⑥家族Ｙ：（少し時間をおいて）ありがとうございます。
⑦職員Ａ：お母さまの介護は、娘さんの健康があってのものです。

　　　　忙しいときは無理をしないでください。お電話いた
　　　　だければ、お母さまにもお話をしておきますね。緊
　　　　急なことがあればこちらからもお電話でご相談させ
　　　　ていただきます。お仕事がひと段落ついたら、ゆっ
　　　　くりとお母さまのところに来ていただければと思っ
　　　　ています。それまで私たちもご協力させていただき
　　　　ます。心配しないで、お仕事をがんばってください。
⑧家族Y：はい。ありがとうございます。安心してお任せしま
　　　　す。母のこと、よろしくお願いいたします。

どのように感じましたか。

〔ポイント解説〕
①職員A：「ありがとう」という感謝の言葉かけは、娘さんに
　　　　安心感を与えます。
③職員A：娘さんの元気がない様子を気づかった声かけをして、
　　　　傾聴の姿勢をとっています。
⑤職員A：娘さんの施設に来なくてはいけないという使命感と
　　　　責任感を解放してあげるような言葉かけをしていま
　　　　す。何よりもお母さんの現状を伝えて安心感を与え
　　　　ています。
⑦職員A：娘さんの現状を理解し、前向きに何が必要でお互い
　　　　に何ができるのかを伝え、施設が娘さんと協力しな
　　　　がらお母さまの介護をしていくことを伝えています。

〔総評〕
　娘さんは、母親の現状に対する安心感、施設の対応に対する

安心感を抱き、自分のことまで気づかってもらえて感謝の気持ちがわきます。ここでは娘さんに安心感を持っていただくことが第一になります。安心感は信頼関係につながるからです。

　親の介護に責任感の強い人ほど、来所できないことにプレッシャーや罪悪感を抱きます。娘さんの負担をできるだけ軽くし、施設と娘さんと協力しながら介護をすることを伝えれば、良好な信頼関係を築くことができます。何かトラブルが発生した場合に利用者の家族に協力を得るためにも、信頼関係の構築は大切です。

　〔課題7〕と〔課題8〕は、家族に対する支援についての事例です。介護の現場では利用者もがんばっていますが、それと同じようにがんばっているのが家族です。その家族を支えていくことも、介護職員に求められる重要なサポートの1つです。

（3）その一瞬を大切にする姿勢が「一期一会の精神」

　以前こんなことがありました。
「あの……、武田先生ですよね！」
　授業が終わったあとに、女性の学生さんから声をかけられました。不思議な表情を浮かべていた私にその子は説明してくれました。
「Mと言います。祖母が数年前、武田先生にお世話になりました。泣き虫の母の娘です」
　何と、彼女は私が介護支援専門員をしていたときに担当していたMさんのお孫さんでした。当時は中学3年生だったのに、すっかり大人になって素敵な女性になっていました。
　当時、家族がMさんの異変に気づいたときには、Mさんの認知症

はかなり進行していました。しかし、Mさんの息子さんは母親の変化を認めたがらず、介護の経験のないお嫁さんが一人でがんばって世話をしていたのです。初めての介護でもその真っ直ぐな性格ゆえに戸惑い、泣きながら取り組んでいたお嫁さんは、途中でうつ病になり、ほぼ毎日のように私に相談の電話が入るため、私もできる限りご家庭を訪問して支援をしていました。Mさんが特別養護老人ホームに入所するまでの3年間、私とお嫁さんは泣いたり、喜んだり、笑ったり、また泣いてを繰り返しながら、一緒にMさんを支えてきました。

　私に声をかけてくれた女性は、お母さんの苦労を見て介護の大変さを知り、また家族以外の人が支えることの大切さを学んでくれました。高校卒業後に2級ヘルパーの資格を取得して、介護施設に就職し、3年間の実務経験を積んで介護福祉士の国家試験に挑戦、介護技術免除の資格を取りに授業を受けに来ていたのです。

　「お母さんはいつも武田さんの話をしていたよ。私も家族を支えられるような介護士になります」

　こんなうれしい言葉をかけてくれました。お嫁さんががんばって介護ができるように支援をしていたことが、Mさんのお孫さんにまで伝わっていたことがとてもうれしく思いました。

　介護では、利用者本人が「自分らしく尊厳を持って生活できる」ように支援していくことが大切です。今元気でも1か月後、半年後、1年後はどのようになるかはわかりません。Mさんのお嫁さんのその一瞬を大切にしながら一生懸命に介護をしている姿こそが「一期一会の精神」です。その姿を見て、その娘さんが福祉の仕事に就こうと決心してくれたとしたら、お嫁さんの介護の心は、Mさんの人生の一部を豊かにし、さらに娘さんの心を育んだのだと感じました。そして、私の支援もその1つに加わるのであればうれしく思います。

4 7つの傾聴技法（ロジャーズ理論）

（1）心の声を引き出すカウンセリング技法

　利用者は、今までできていたことが1つずつできなくなると、自信をなくしていきます。また、病気が発症している場合には、その状況を受け入れようとしても、なかなか受け入れ難いものです。高齢者は年齢を重ねるごとに自分自身の殻に閉じこもりがちになり、本心を隠して苦しんでいることが多いのです。また、お世話をしている家族も同様に、心の声を聴いてもらえないで苦しんでいます。

　「これまでの思い」「今の不安な気持ち」「これからの将来」に対して、どのように考えているかを引き出す手法として、カウンセリング技法を身につけてほしいと思います。

❶ 家族に対して

　少子化の時代、家族のなかで介護ができる人は限られています。介護保険制度が始まり、さまざまなサービスが提供され、サービスを受けていたとしても、「家族が介護をするのは当たり前」という風潮は、まだまだ抜けきれていません。介護の中心をなしている家族は、常に気を張り、不安・不満を押し殺して介護にあたっているのです。周囲でいくら「がんばっているね」と伝えても言葉だけになっているケースが多く、しっかりと心の声を聴いてくれる人がいないのが現状です。カウンセリング技法を活かして家族に寄り添う「傾聴」を学び、いつでも受け入れることができる心を身につけてください。

2 介護職員に対して

　利用者・家族は常に不安を持ちながら、介護を受けています。介護職員がいつも忙しくがんばってお世話をしてくれていることを、利用者も家族も十分理解をしているため、多少の不満があっても黙っています。傾聴の姿勢を持って利用者のより多くの要望を知ることができたなら、利用者自身のADL（日常生活動作）だけではなく、QOL（生活の質・人生の質）を大きく変えることができるのです。

　また、家族の思いを受け止めることで、長期の介護をするうえでの心の支えになることができます。時間があるとかないとかではなく、いつでも「聴く」という姿勢が重要であることをしっかりと学んでください。

3 一般者に対して

　普段は何げなく会話をして、無意識のなかで話をして「聞いて」います。介護は「本人にとって何が一番か」「自分がしてもらってうれしいことは何か」を常に意識をして行うことが大切です。無意識ではなく常に意識をして、相手の精神状態・身体状態を理解しようと努めることが大切です。目線の高さ・声のトーンなど、聴く側の姿勢を学ぶことで「聴く」ということの重要性を学んでください。

（2）来談者中心療法（ロジャーズ理論）

　1940年代にアメリカのカウンセリング心理学者で、臨床心理学者のカール・ロジャーズ（1902～1987年）によって開発された「来談者中心療法（Client-centered Therapy）」は、その人間観や理念において介護傾聴の姿勢を学ぶために最も適切な理論です。ロジャーズが唱えた7つの傾聴技法について解説します。

●聴き方のスキル（ロジャーズ７つの傾聴技法）

①うなずき
　「音が届いたよ」という信号。相手が安心する。
②あいづち
　「文が伝わったよ」という信号。相手のためにする。機械的なあいづちは避ける。何種類か持っていることが重要。
　例：ヘー・うん・ハイ・えー・なるほど・それいいね
③アイコンタクト
　「気持ちが伝わっているよ」という信号。相手が安心する。
　「言ったことが伝わったよ」という信号。
④確認（繰り返し）
　オウム返しにすること。話したことを忠実に繰り返す。
　感情表現には要注意。
　　ⅰ）「内容」の反射　主語＋目的語　◎
　　　　主語だけでも×、目的語だけでも×
　　　　例：「上司」が「冷たくする」んです。
　　ⅱ）「感情」の反射　形容詞、副詞がキーワード
　　　　「つらい」→お「つらい」んですね　◎
　　　　「楽しい」→「面白い」んですね　×
⑤確認（言い換え）
　先走ってはいけない。聴き手の「価値観」「感情」が入ってはダメ。感情表現は要約不可能。
⑥うながし（それから？）
　「言ったことが伝わったよ」という信号。相手が安心して、先を話そうとする。
⑦沈　黙
　相手が意識の深いところを探っているとき、邪魔をして話

しかけてはいけない。考えていることを中断してはいけない（たまに、考えていない人がいるので、そのときは、「何をお考えですか」と確認する）。

5 コーチング技法

（1）コーチングとは何か

　コーチングとは、相手が望んでいる目標を自らの力で達成できるように、相手の持っている個人的な特性と強みを活かしながら、相手のとるべき手段を引き出していくコミュニケーションサポート（支援）です。相手がその能力と可能性を最大限に発揮できるように、自分自身で考える力を養い、行動を促していきます。

　「コーチ（Coach）」という言葉は16世紀に登場しました。そもそもの語源は、ハンガリーの町の名前「コチ（Kocs）」に由来します。その町で初めて四輪馬車が造られたことから、「馬車」という意味に派生し、「目的地まで馬車で送り届ける」という意味の動詞として使われるようになりました。

　つまり、コーチングとは馬車（＝コーチ）の力を利用して相手が目的地（＝目標）まで早くたどり着けるようにすることです。相手の可能性を信じながら、能力を伸ばしていくことが大切です。

> ・人は皆、無限の可能性を持っている
> ・その人が必要としている答えは、その人のなかにある
> ・その答えを見つけるために、パートナーが必要である

（2）コーチングの基本スキル

1 コーチングの構造

　コーチングでは、相手の話す内容をよく聴き、適切な質問・承認・

提案・アドバイスを行うことにより、安心感を与えます（**図表2-5-1**）。承認とは、相手を受け入れる、認める、ほめることです。

安心感の与え方としては、言語、非言語的コミュニケーションの両方を使用します。「安心感＝信頼感」です。相手の話を100％聴こうとする態度が重要となります。

【図表2-5-1】コーチングの構造

話す（クライエント） ― 安心感 ― 聴く（コーチ）

質問・承認・提案・アドバイス

2 傾聴のスキル

積極的に耳を傾けて、話し手の心の内にある感情や情感を聴きます（積極的傾聴）。そうすることで、話し手は自分の気持ちをできる限り正確につかみ、表現しようと努力するようになります。「聴く」というのは、相手の言葉を聴き、「心の内面をとらえようとすること」と定義されます。耳を傾けて「十四の心」で聴きます（**図表2-5-2**）。あくまでも主役は話し手で、聴き手は脇役です。7つの傾聴技法（ロジャーズ理論）を使用します。

コーチングにおいて聴くということは、相手の心の内を十分に引き出すことです。「あなたの聴いてほしいことは、全部聴きます」という姿勢で、自分の声は横におき、相手の聴いてほしいことをまずは聴くことが大切です（**図表2-5-3**）。

【図表2-5-2】十四の心で聴く

「聴」という字は「耳」と「十」「四」「心」から成り立っています。そのため「聴く」には、十四の心を持って他人の話をよく聴くという意味があります。十四の心とは、仏教における代表的な修行法「八正道」と「六波羅蜜」の心得を表しています。

「八正道」	「六波羅蜜」
正　見（しょうけん）：正しく見る	布　施（ふせ）：施す
正思惟（しょうしゆい）：正しく考える	持　戒（じかい）：慎む
正　語（しょうご）：正しく語る	忍　辱（にんにく）：偲ぶ
正　業（しょうぎょう）：正しく行う	精　進（しょうじん）：励む
正　命（しょうみょう）：正しく生きる	禅　定（ぜんじょう）：静める
正精進（しょうしょうじん）：正しく励む	智　慧（ちえ）：学ぶ
正　念（しょうねん）：正しく願う	
正　定（しょうじょう）：（心を）正しくおく	

【図表2-5-3】聴くことの3段階のレベル

レベル1	話したくてむずむずしている。相手の話を聴く姿勢ではない。自分の声を聴いている	コーチングとしては失格
レベル2	相手が何を言いたいのか、真剣に聴いている	コーチングとしては最低限レベル2までは必要
レベル3	相手の言葉だけではなく、その言葉の背景も含めて全部を聴こうとする	レベル3は申し分なし

〔課題9：傾聴〕上司と部下の会話を見て、①～②の手順に従い、悪い点と良い点を検討します。一人ではなくグループで考えることが重要です。

　①グループ（4～6人）で、10分程度話し合う（どんな意見でも否定しない）
　②1グループごとに発表する（発表者は、グループ全員の名前を言ってから、発表を行う）

〔悪い例〕
①上司：「最近、元気がないようだが、どうしたんだ？」
　部下：「実は、先日の利用者さんのお薬配布ミスの件で、あ

　　　　れ以来、利用者さんとの信頼関係が悪くなったような気がして……」
②上司：「うーん、まあ、あの件はすぐに気がついて利用者さんも間違って服薬することもなかったので、あまり気にしないほうがいいよ」
　部下：「ええ、気にしないようにとは思っているんですが……」
③上司：「過去にとらわれてばかりいると、決してよい結果につながらないんじゃないかな？」
　部下：「確かにその通りだとは思うんですが……」
④上司：「いつまでも悩んでいても、しかたがないよ」
　部下：「自分でも情けないと思いますが……」
⑤上司：「そう思うんだったら、気持ちを切り替えて、やる気を見せてくれよ」
　部下：「はい、努力します」

この例では、どこがいけないのでしょうか？

〔ポイント解説〕
②上司：部下の不安を慰める言い方ともとれますが、あいづちの言葉がなく、部下が利用者との関係を心配している気持ちを受けとめきれていません。
③上司：自分の考えを伝えるばかりで、部下の気持ちを置き去りにしています。部下の言葉の裏にある思いを受けとめていません。
④上司：ここでも自分の考えを押しつけています。
⑤上司：最後には部下にイラつきを感じさせる言い方になってしまっています。

〔総評〕
　全体的にこの上司は部下の話を聴く姿勢が少なく、あいづちの言葉も受け止めの言葉もないまま、会話を進めています。そのため部下には上司の思いやりが通じていません。原因は上司の一方通行の会話にあり、その証拠に部下のセリフの最後がすべて「……」のままで終わってしまっています。何か続きを言いたそうなところに部下の不満が見え隠れしています。

〔よい例〕

①上司：「最近、元気がないようだが、どうしたんだ？」
　部下：「実は、先日の利用者さんのお薬配布ミスの件で、あれ以来、利用者さんとの信頼関係が悪くなったような気がして……」

②上司：「そうか、あの件ではすぐに気がついて利用者さんも間違って服薬しないで済んだと聞いていたが、何か特に気がかりなことでもあるのかね？」
　部下：「実は、あれ以来どうも自信がなくなってしまい、何をやってもうまくいかないような気がするんです」

③上司：「実際にうまくいかないのかね？」
　部下：「いえ、そうではありませんが、我ながら情けなくて……」

④上司：「どういうことが情けないと思うのか、具体的に話してもらえるかな？」
　部下：「仕事の正確さには自信があったのに、先日は、ついうっかり……」

⑤上司：「ついうっかりしたわけか。これまで君はどういうことを注意してやってきたのかな？」
　部下：「たとえば、薬の配布ミスや間違って服薬するなどの

間違いがあるといけないので、配薬時に一人ひとりのお盆に入れて渡していました」
⑥上司：「つまり、イージーミスを回避するよう心がけていたということだね。それで、今はどういうやり方をしているの？」
　部下：「もちろん、これまで以上に注意しています。配薬のミスは、本人のお盆にそのまま入れていたことが要因になってしまったので、あれ以来、どんなに急ぎの場合でも必ずダブルチェックの意味で配布薬のお薬に名前を記入し、本人に直接渡して服薬するまでの確認を行うようにしています」
⑦上司：「つまり、前よりもっと確実性を期している、ということだよね？」
　部下：「うーん、まあ、そうですかね」
⑧上司：「きちんと原因を把握したうえで、これまで以上に服薬の安全面に配慮していると言えるし、利用者さんも安心感をもっているんじゃないかな？」
　部下：「うーん、そこまで大げさなものではないですけど……。でも、少し自信が取り戻せたような気がします」

この例では、どこがよいのでしょうか？

〔ポイント解説〕
②上司：「そうか」というあいづちの言葉があり、上司に聴く姿勢が感じられ、部下も素直に話してみようという気持ちになっています。
③上司：部下の言葉を繰り返すことで、聴いている姿勢が伝わっ

ています。さらに問いかけることで、部下の感情の整合性に気づかせています。
④上司：部下の気持ちに寄り添い、一緒に考えようとする姿勢が感じらます。
⑤上司：ここでも繰り返しの言葉があり、気持ちの受け止めに成功しています。部下にこれまでの経緯を振り返り、考えさせることで、自分を見つめ直させようとしています。
⑥上司：部下の発言を要約をして、さらに気づきを引き出そうとしています。
⑦上司：部下の発言を要約をして、その行動を認めています。
⑧上司：部下の行動を認めています。

〔総評〕
　上司が部下の言葉を繰り返したり、要約することで、部下の思いを受け止めようとしていることがわかります。その結果、部下も正直に自分の思いを伝えようとしています。この会話では、双方向で言葉のキャッチボールができています。

3 承認のスキル

　承認とは、相手の行動・考え・発言を認め、支持することです。「○○もおだてりゃ木に上る。△△もけなせば溺れ死ぬ」、人間ほめられればうれしいものです。承認のスキルには、主体別に次の3種類のメッセージがあります。

①Youメッセージ
②Iメッセージ
③Weメッセージ

Youメッセージには、評価の気持ちが込められています。言われたほうは居心地が悪く、そんなはずはないとひねくれてしまいます。
一方、Iメッセージは、私の感情を伝えています。

> あなたは‥‥‥です　＝Youメッセージ
> あなたは‥‥‥です、私は見習いたい　＝Iメッセージ

> 〔究極のIメッセージの例〕
> 小泉首相　貴乃花の怪我をおしての優勝に対し、
> 「痛みに耐えてよくがんばった。感動した」

WEメッセージはIメッセージ以上に受け取った人が充実感を覚えたり、達成感を感じやすくなります。それは、メッセージの主体が組織やその代表者など複数に及ぶため、全体から認められ、貢献ができたことがダイレクトに表現されているからです。

> 〔WEメッセージの例〕
> 「部長も喜んでいた」「わが社としても名誉なことだ」

> 〔課題10：承認〕上司と部下の会話を見て、①〜②の手順に従い、悪い点と良い点を検討します。一人ではなくグループで考えることが重要です。
> 　①グループ（4〜6人）で、10分程度話し合う（どんな意見でも否定しない）
> 　②1グループごとに発表する（発表者は、グループ全員の名前を言ってから、発表を行う）

〔悪い例〕
①上司：「この間の身体介護研修はうまくいってよかったね」
　部下：「はい、おかげさまで研修参加者の数も前回に比べて大幅に増えました」
②上司：「それは結構なことだね。しかし、研修参加者が増えても介護の質が上がらないと成功とは言えないね」
　部下：「もちろんです。しかし介護の質を向上させるには、まず研修参加者数を増やすことが必要だと思います」
③上司：「そんなことはわかっているよ。私が言いたいのは研修後のフォローをしっかりやっているかということなんだ」
　部下：「それは、私の仕事ではありません。研修後のフォローについては現場主任に参加者リストを渡してフォローしてもらっています」
④上司：「それは私も知っている。君がいろいろがんばって研修の企画をしてくれていることは、私も評価しているつもりだ」
　部下：「それはありがとうございます」
⑤上司：「しかし、研修参加者リストを渡しただけでは、現場主任も動かないぞ」
　部下：「わかりました。それでは再度、現場主任に文書を出して研修後のフォローを徹底させるようにします」
⑥上司：「そうしてくれ」

この例では、どこがいけないのでしょうか？

〔ポイント解説〕

②上司：部下が喜んで報告していることに対して、皮肉とも言える返答から始まり、否定することで部下のがんばりを認めていません。

③上司：部下の意見をバッサリと切り捨て、認めようとしていません。

④上司：ここで、部下が反発し始めていることに気づき、仕方なくほめてはいますが、心からほめていないことがばれています。

⑤上司：ここでは逆に叱責するかのように、部下にダメ押しをしています。

⑥上司：冷たく突き放してしまっています。

〔総評〕

　上司が部下の言葉を受けとめず、自分の言いたいことを言っているため、当初の思いと違う方向の会話になってしまっています。最終的に部下も自分の考えを上司にぶつけ始め、双方の関係がよくない雰囲気で会話が終わっています。

〔よい例〕

①上司：「この間の身体介護研修うまくいってよかったね」
　部下：「はい、おかげさまで研修参加者の数も前回に比べて大幅に増えました」

②上司：「施設長も研修参加者が大幅に増えたことを喜んでいた。私もうれしいよ」
　部下：「ありがとうございます。これも課長のアドバイスのおかげです」

③上司:「ところで研修後のフォローはどうしているの？」
部下:「はい、研修会に職員が参加しても研修後のフォローが継続しないと、介護の質の向上に結びつきません。そこで、さっそく第2回目の研修プログラムの予定を考えております」
④上司:「そうかい。だいぶ対応が早くなったね」
部下:「ただ研修会に参加するだけでは弱いと思っています。現場職員は研修会に参加することで精一杯、主任も新人職員の対応や現場管理の対応で精一杯になっていますので、フォローする時間があまり持てないと思います」
⑤上司:「そうなんだ。そこが問題なんだよ。よく気がついたね」
部下:「私としては、新人職員の研修については本部で定期的な研修を行い、他のフォローは現場主任が中心になってしたほうがいいような気がしています」
⑥上司:「本部でフォローとは具体的にどういうことかな」
部下:「うーん、まだ具体的には考えていません。今週中に立案して報告をしたいと思います」
⑦上司:「よろしく頼むよ。アイデアマンの君ならきっといいアイデアが出ると思うよ」

この例では、どこがよいのでしょうか？

〔ポイント解説〕
②上司:WeメッセージとIメッセージを使い、部下のがんばりを正直にほめています。
③上司:オープンクエスチョンを使い、部下に今後の活動について考えさせています。

④上司:正直に部下の行動の速さをほめています。
⑤上司:部下が自分で気づいて答えを出した点を、Youメッセージでしっかりほめて認めています。
⑦上司:さらに考えを引き出すように問いかけています。
⑧上司:期待感を持たせる言葉を伝え、部下を認めています。

〔総評〕
　Youメッセージ、Iメッセージ、Weメッセージを使い、心から部下の行動の過程や成果をほめています。ほめられたり、期待感を持った言葉を受けた部下はモチベーションが上がります。考える癖をつけさせるような会話にもっていくところもすばらしいです。

4 質問するスキル

1) 特定質問と拡大質問
　「はい」「いいえ」で答えられる質問が、特定質問(クローズドクエスチョン)で、「はい」「いいえ」で答えられない質問が、拡大質問(オープンクエスチョン)です。

2) 未来質問と過去質問
　過去質問:なぜそうなったのか→言い訳を考える
　未来質問:本当はどうしたかったのか、どうやったらうまくいくのか

・未来質問:(例)この方法を実行した場合、どういう結果が予測されますか?
・過去質問:(例)そのときどういう対応をしたのですか?

3）肯定質問と否定質問

　肯定質問：何があれば、できるかな？

　否定質問：どうしてできなかったの？→言い訳を考える

・肯定質問：(例) まず何から始めたらいいと思いますか？
・否定質問：(例) なぜ、うまくいかないのですか？

　拡大質問（オープンクエスチョン）、未来質問、肯定質問を使うことによって、相手は答えを考えるようになり心の奥に隠れているものが出てきます。

〔課題11：質問〕上司と部下の会話を見て、①〜②の手順に従い、悪い点と良い点を検討します。一人ではなくグループで考えることが重要です。
　①グループ（4〜6人）で、10分程度話し合う（どんな意見でも否定しない）
　②1グループごとに発表する（発表者は、グループ全員の名前を言ってから、発表を行う）

〔悪い例〕

①上司：「最近、仕事の調子はどうだい？」
　部下：「はい、まあまあ順調です」
②上司：「何か悩んでいたり、相談したいことはないのかね？」
　部下：「いえ、別にありません」
③上司：「別にないって……、本当にないのか？」
　部下：「はい、これと言って……」
④上司：「これまで、何かこうしたほうがいいと考えたことはなかったのかね？」

部下：「いえ、まったくないということはないのですが……」
⑤上司：「何だ。あるんなら、なぜそのときに言ってこなかったんだ？」
　部下：「いえ、大したことではありませんので、何とかなると思います」
⑥上司：「本当に、何とかなるのか？」
　部下：「はい、大丈夫です」
⑦上司：「そうか。それじゃ、とにかくがんばってくれ」

この例では、どこがいけないのでしょうか？

〔ポイント解説〕
②上司：何かないかと直接切り出していて、相手の言葉にいつもと違う様子を見つけようとしていません。
⑤上司：現在はどうすることもできない過去のことを責めています。
⑦上司：部下がどのようにがんばっていけばいいのか上司も部下もわかっていません。

〔総評〕
　全体的に発展的な話にならないのは、上司が部下の気持ちをうまく引き出せていないためです。上司に問題をとらえようという語りかけがありません。部下の言葉尻から問題を掘り起こしていくようにするとよいでしょう。そのためには具体的な事柄を注意しながら傾聴していくことが大切です。

〔よい例〕

①上司:「その後、デイサービスセンターの送迎は、うまくいってるのか?」
　部下:「はい、まあまあ順調です」
②上司:「『まあまあ』ということは、何か気になることでもあるのかね?」
　部下:「まあ、特に大きな問題ではないかもしれませんが……」
③上司:「でも、少し気になっているんだね? たとえば?」
　部下:「実は、利用者の増加にともない送迎の範囲も拡大しております。その分、利用者がバスに乗車している時間が長くなり、身体に負担をかけるようになっているんです」
④上司:「君はどうしたらよいと思う?」
　部下:「詳細な詰めをする前に、今後の利用者の増加も見込んで路線の見直しを進める必要があるかもしれません」
⑤上司:「そうすると?」
　部下:「このままでいくと、高齢者には長時間の乗車が身体に負担をかけることになると思います」
⑥上司:「それを防ぐには、何をしたらよいと思う?」
　部下:「まずは、1路線を30分以内で移動できる道順と乗車人数に調整してみようと思います」
⑦上司:「なるほど、そこから始めてみようか」
　部下:「もしもそれがだめでしたら、次の手を考えたいと思います」
⑧上司:「そうだね。では、先程の案を早速実行して、報告してもらえるかな?」

この例では、どこがよいのでしょうか?

〔ポイント解説〕
②上司：順調だけではなく、まあまあというニュアンスに着目していつもと違う様子をとらえています。
③上司：部下に具体的な事柄を聞こうとした質問をしています。
④上司：部下自身に解決策を探らせています。
⑧上司：上司に報告するという働きかけで、部下が動けるように促しています。

〔総評〕
　ここでも傾聴が一番大切だということがわかります。部下の話を聞き出せるように質の高い質問をすることが重要で、十分な間合いを取りながら、責め立てるような話し方にならないように注意します。部下に話しかける以上に常に聴き取ろうとする姿勢を持ちましょう。質の高い質問と傾聴を繰り返しながら、どのようにしたら問題が解決できるのかを、部下本人の口から引き出し、評価して、仕事に対するモチベーションアップにつなげています。
　この事例では、上司が部下の気づきを大切にし、利用者を案じていることが伝わり、その結果、部下の信頼を得ています。また、ここでは介護の基本である、まず利用者のことを考える部下の気持ちを丁寧に取り上げながら、職員の育成を目指す上司の姿を見ることができます。

6 アサーション

(1) アサーションとは

　アサーション (assertion) は、英和辞典で調べると「主張・断言」などという意味が書いてあります。また、形容詞の「アサーティブ」は、「断定的な・自己主張の強い」などの意味があります。しかし、ここで紹介するアサーションの意味は「自分も相手も大切にした自己」です。具体的には、「自分の考え、欲求、気持ちなどを率直に、正直に、その場の状況にあった適切な方法で述べること」を指します。大切なのは、自分だけでなく、「相手のことも大切にする」ことです。

(2) 自己表現

　自己表現には3つの種類があります。①攻撃的（アグレッシブ）な自己表現、②非主張的（ノン・アサーティブ）な自己表現、③アサーティブな自己表現です。

1 攻撃的（アグレッシブ）な自己表現

　自分は大切にしますが、相手を大切にしない自己表現を言います。自分の意見、考え、気持ちをはっきりと伝え、自分のために主張します。相手の意見・気持ちを無視したり、軽視したりするので、相手に自分を押し付けることになります。相手に自分の思い通りになってほしいと思っているため、相手の犠牲のうえに立った自己表

現になります。

> 例：チケットを買うために並んでいるところに、割り込んできた人がいた場合、攻撃的自己表現をする人は「おい、ここはみんな順番に並んでいるんだ！　後ろに並べ」など、大声で怒鳴ります。

2 非主張的（ノン・アサーティブ）な自己表現

相手を大切にしますが、自分を大切にしない自己表現を言います。自分の考え、気持ち、信念を表現しなかったり、表現し損なうため、自分で自分を踏みにじることになります。相手に配慮しているようでいて、相手に対し率直でなく、自分に対しても不正直な行動となります。

この傾向の強い人は、人間関係の主導権を相手に任せ、自分は相手の思いに合わせ、相手の様子を伺って動くようになります。この自己表現は、ストレスがたまりやすく、相手から理解されていない感じになりがちです。

> 例：1の例で、非主張的（ノン・アサーティブ）な自己表現をする人は、前に割り込まれ腹が立っていても、一人でブツブツ言いながら我慢をします。

3 アサーティブな自己表現

自分も相手も大切にした自己表現です。自分の考え、気持ち、信念を率直に正直に、その場に合った適切な方法で表現します。お互いに大切にし合おうという相互尊重と、相互理解を深めようという精神の現れです。お互いの意見や気持ちの相違で葛藤が起こることがありますが、お互いの意見を出し合い、譲ったり譲られたりしながら、それぞれ納得のいく結論を出そうとする態度です。

> 例：**1**の例で、アサーティブな自己表現をする人は、表情や言葉づかいに気をくばりながら、「ここはみなさん順番に並んでいますから、後ろに並んでいただけませんか」などと言います。

利用者・家族・職員間が互いに「心地のよい」関係になるためには、自分も相手も大切にしたアサーティブな自己表現を応用します。

> ・自分の考え、気持ち、信念を率直に正直に、その場に合った適切なやり方で表現
> ・お互いに大切にし合おうという相互尊重の精神と、相互理解を深めようという精神の現れ
> ・お互いの意見や気持ちの相違で葛藤が起こることがあるが、お互いの意見を出し合い譲ったり、譲られたりしながら、それぞれ納得のいく結論を出そうとする態度

（2）アサーティブになるために

1 自己信頼を高める

　自　信　→　自己信頼

　自　信　→　自分なりに自分の長所、欠点を知っている。毎日の生活や仕事をしていくうえである程度はこなせる。試行錯誤をすれば解決の道を見つけ出すことができる。

　自信の欠如　→　不適切な言動を招き、不安や戸惑いが増大する。知らないこと、戸惑うこと、自信がないことがあっても、人として行ってもよい言動を理解していることが大切。

```
例：知らないこと    → 知っている人に聞く
   不安なとき      → 不安を表現する
```

1) 人として行ってもよい言動
 ・知らないことや、わからないことがあってよい。いい加減には答えない。
 ・困ったり、緊張したり、不安になったり、自信がなかったりという場合は、そのことを表現する。
 ・感じることのプラス面もマイナス面も表現してよい。

2) 自 信
　知っていること、わかっていること、これまでやってきたことに正直になり、それを必要なときに、実践に活かすか活かさないかを決めることです。

2 アサーション権
 ・誰でも感じたこと、考えたことを表現してよい
 ・人間は不完全である
 ・人はそれぞれ違っていてよい
 ・自分のためにならないことであれば、自己主張しない選択肢もある（アサーションしない権利）

3 ものの見方とアサーション
　「人を傷つけることは悪いことだ」と考えている場合、次のような行動が見られます。
 ・人を傷つけまいと努力する
 ・非常に悪いと思いすぎ、傷つけることを避けようと必死になる

・必要なことも言わなくなる
・相手がどんな状況で傷つくかもわからないうちに、思い込みで動く

　過度の思いやりや遠慮は、かえって人間関係をぎこちないものにします。大切なことは、傷つけまいと必死になることではなく、傷つけてしまう可能性があることを覚悟して、傷つけてしまったときのフォローに心を砕くことです。

　人間は誰でも間違いや失敗を免れないものです。だからこそ責任をとりたいと思い、努力をしている人間を認めて、少し緩やかな視点で人を見ることが大切です。

4 感　情

1）感情は自分のもの

　感情を表現するときの基本的な考えは「感情は誰のものでもない、まさに自分自身であり、自分の責任で表現できる」ということです。どのような感情を持つかは、自分が決めているということです。また、感情は、必要に応じて自分でコントロールすることができるものであり、自分の責任で表現してよいということです。

2）言葉と言葉以外の表現を一致

　感情表現は、言葉と言葉以外の表現が補い合い、よりよく伝達されます。言葉以外の表現が言葉による表現を補い、強化することができれば、気持ちはよく伝わります。

ワークシート⑤ アサーティブな対応

ここではアサーティブな対応を学びます。各演習について、次の方法で検討します。

① 個人ワークで、10分程度考える
② グループ（4〜6人）で、10分程度話し合う（どんな意見があっても、否定はしない）。
③ グループで出した結論をそれぞれ発表する（発表者はグループ全員の名前を言ってから発表を行う。チームとして全員で考えたということが重要）。

● 演習問題

〔演習①〕
今日は季節に合わせた新しい衣服で利用者宅を訪問したところ、「とても似合っている。センスがよい」とほめられた。その言葉にあなたはどのように対応しますか？

〔演習②〕
利用者Cさんの家族から「お茶の間にあったクリスタルの花瓶が割れている。掃除中に壊したのではないか」との抗議の電話があった。まったく身に覚えのないことにあなたはどのように対応しますか？

〔演習③〕
利用者のTさんは胃の検査を行う必要がありますが、「もう年だし検査なんかいいんだ。受ける必要がない」と言って拒否をします。そのときあなたはどのように対応しますか？

〔演習④〕
事業所内の会議で自分が発言中に同僚のBが割り込んで話し始めた。そのときあなたはどのように対応しますか?

〔演習⑤〕
研修の講義内容にわかりにくい部分がありました。講義そのものは大変有意義で人気のある社外講師ですが、そのときあなたはどのように対応しますか?

〔演習⑥〕
いつも面会に来ている利用者の家族の元気がありません。「体調が優れず、疲れがたまっていて……」と不安を訴えてきました。そのときあなたはどのように対応しますか?

〔演習⑦〕
仕事中、急に外出しなければならなくなりました。午後に利用者Yさんの散歩をあなたが介助することになっています。散歩を楽しみにしているYさんにあなたはどのように対応しますか?

〔演習⑧〕
後輩で気心の知れたKさんが心にあることを言わずに黙りこんでいる。そのときあなたはどのように対応しますか?

●回答例

〔演習①〕
・ありがとうございます。そのように思っていただけてうれしいです。
・今年の新しい制服なんです。明るい色で気にいってます。洋服1つで気分もよくなるんですね。
・○○さんに褒めていただいたのでもっと元気が出ました。今日も楽しくお仕事をがんばります。

〔演習②〕
「そうですか。今からCさんのお宅に伺ってもよろしいでしょうか（自宅に訪問して確認する）」
「Cさんのサービスに関してはご家族がいらっしゃるので、共用部分を除いたCさんのお部屋をお掃除させていただいております。居間のお部屋のほうはヘルパーが掃除をしていませんので、調度品に触れる機会はありませんでした。大切なものがたくさんあるので、今後とも気をつけてお掃除をさせていただきますので、よろしくお願いいたします」

〔演習③〕
「そうですよね。病院なんて行きたくないですよね。私も体調が悪いときは仕方なく行っているんですよ。先生に診てもらうと一応安心なので。Tさんは今までどんなとき病院に行くようにしていましたか」
「かなり悪くなってからだな」（Tさん）
「そうですか。私もいつも悪くなってから行くので、そうなる前に何とかしておけばよかったのにと後悔することが多いんです。Tさんも痛みのないうちに一度受診してみませんか」

〔演習④〕
「Bさん、ありがとうございます。私の発言が途中なので先にお話しをさせていただいてもよろしいですか。私も発言が終わってから、落ち着いてBさんのお話を伺い、これからの課題解決の参考にさせていただきたいと思います」

〔演習⑤〕
「○○先生、ありがとうございました。とても勉強になりました。今後の仕事にすぐに活かせるお話でした。実は△△の部分に興味を持ちました。お忙しいところ恐縮ですが、もう少し詳しく教えていただけますでしょうか」

〔演習⑥〕
「いつもお忙しいなか、面会をありがとうございます。○○さんもいつも喜んでいらっしゃいますよ。今日はお元気がありませんね。介護の仕事をしている私たちも疲れがたまると、時々マッサージに行ったりして気分転換を図っています。奥様もお疲れになったときは私たちに任せて、お体を休ませてください。そして元気なお顔を見せてください。ゆっくりと一緒にやっていきましょう」

〔演習⑦〕
「Yさん、体調はいかがですか。今日はお天気もよくて散歩日和ですね。午後一緒にお散歩の予定でしたが、仕事でこれから外出をしなければならなくなりました。代わりの職員にお花の一番きれいに見える場所を伝えておきましたので、楽しんできてください。あとでお話を聞かせてくださいね。今日はご一緒できなくて残念です。本当に申し訳ありません」

〔演習⑧〕
「Kさん、お話もしないで元気がないけど、何か心配なことでもあった？ 迷っていることがあったら話をしてみて。聴く耳はいっぱい持っているつもりなので、お話をすることで、少しでも気持ちが軽くなればと思っているの。急いでいないので、落ち着いたら電話でもかけてきてね。

7 介護職員に必要な礼儀作法

（1）介護職員の存在意義

　質の高い介護職員とはどういう職員でしょうか？
　利用者の心の奥にある「思い」や「心の傷」などを十分に理解することは大変難しいことです。そこをできるだけ理解するために、介護職員は絶えず人として成長・成熟し続け、その役割を果たさなければなりません。
　知識・経験を積み、利用者への理解を深められるように努力することで、利用者に対して徐々に共感することができるようになります。同時に、自らの質を高めることもできるでしょう。自分自身の人生を豊かなものとしてとらえ、利用者が自分らしく生きることができるように、いかに支援していくかを常に考え、行動していくことが、介護職員には求められます。
　介護援助のしっかりとした技術を持ち、人間の尊重を根底においた倫理性のあるサービスを提供できるというところに、介護職員の存在意義があります。

（2）心を素直に伝える「きめこまやか」法

　利用者は、接する側の言葉・表情・動作から自分が「どのように扱われているか」「大切に扱われているかどうか」を敏感に感じとり判断しています。
　たとえば、利用者が今トイレに行きたいのか、それともお茶がほ

しいのかを表情や動作からさりげなく見極め、声をかけてサービスを提供します。利用者にしっかりと気くばりができているかどうかが信頼につながるのです。そのためには、心を素直に伝える「きめこまやか」法を実践します。

《き》	・気　くばり
《め》	・目　くばり
《こ》	・心　くばり
《ま》	・まっすぐな心 （自分のものさしで物事をはからない）
《や》	・やさしい一声
《か》	・変わらない心（平常心）

　言葉・態度・表情は機械にはない人間特有のものであり、「自分を見ていてほしい」という感情は誰しもが持つ欲求です。いつも一人でいる高齢者は、「言葉のキャッチボール」を待っています。「自分を見てくれている」という実感を持っていただきましょう。

（3）「手に伝わる」「声に伝わる」介護の心

　さまざまな経験をしてきている利用者は、介護を五感で感じています。介護を行っている手の動作、温もり、声の響き、目、距離感から、心を感じとっています。利用者・家族の心には、介護職員の1つひとつの行動が、手から、声から伝わっています。

> 〔例〕パジャマに着替えさせるとき
> A：無言で素早く上手に着替えをさせてくれた。
> B：1つひとつの動作において声をかけ、着終わったときには「寒くなかったですか？」「着心地はどうですか？」と優しく声をかける。

AさんとBさんの違いはどこでしょう？

　Aさんは「風邪をひかないように素早く着替えをさせてよかった」と満足かもしれませんが、利用者は、「次は袖？　立つの？」と不安な気持ちでいっぱいです。でも「○○さん(介護職員)も忙しいんだから我慢しなくてはいけない」と思っています。

　Bさんは、声を1つひとつかけてくれるから安心です。たとえ、上手に着替えさせられなくても、Bさんの優しい笑顔と気づかいの一声はうれしいはずです。

　介護職員の心は、「手に伝わる」「声に伝わる」ということを忘れないでください。

(4) 介護職員の身だしなみ

1 身だしなみ

　身だしなみは、自分自身の仕事の姿勢や取り組みの態度を表すものです。また、思いやりを伝える重要なツールでもあります。昔からよく服装の乱れは生活の乱れと言われるように、介護現場での職員の服装の乱れは介護の心、仕事へ取り組む姿勢の乱れに影響を与えます(図表2-7-1)。

【図表2-7-1】介護従事者は身だしなみを整えることも重要な仕事

身だしなみはプロフェッショナルな意識にスイッチを入れる
↓
- ・印象をよくする
- ・清潔感を与える
- ・活動感を与える

↓

- ・自分自身の心を高める
- ・笑顔になる
- ・思いやりを高める

【図表2-7-2】介護職員用　身だしなみチェックリスト

項目	男性	○×	女性	○×
顔	鼻毛は出ていませんか		鼻毛は出ていませんか	
	髭はきれいに剃ってありますか		健康的なナチュラルメイクですか	
	歯は清潔ですか		歯は清潔ですか	
	臭いはありませんか		臭いはありませんか	
	眉の形は自然ですか		眉の形は自然ですか	
	香りは控えめですか		香りは控えめですか	
髪	よく手入れをして清潔ですか		よく手入れをして清潔ですか	
	髪は長すぎませんか		安全に配慮した髪留めですか	
	ヘアスタイル・カラーは自然ですか		ヘアスタイル・カラーは自然ですか	
	整髪料の香りは控えめですか		整髪料の香りは控えめですか	
	寝癖はありませんか		前髪は長すぎず，長い髪はまとめてありますか	
手・爪	常に手洗いを心がけていますか		常に手洗いを心がけていますか	
	爪は短いですか		爪は短いですか	
	腕をメモ代わりにしていませんか		腕をメモ代わりにしていませんか	
			マニキュアはつけていませんか	
アクセサリー	結婚指輪以外の指輪をしていませんか		結婚指輪以外の指輪をしていませんか	
	ピアス・イヤリング・ネックレスを外していますか		ピアス・イヤリング・ネックレスを外していますか	
服装	名札の位置は介護に支障がありませんか		名札の位置は介護に支障がありませんか	
	介護に適した安全な服装ですか		介護に適した安全な服装ですか	
	手入れをされた清潔な服装ですか		手入れをされた清潔な服装ですか	
	ズボンの裾をまくったり、引きずっていませんか		ズボンの裾をまくったり、引きずっていませんか	
	介護用のエプロンに汚れやシワはありませんか		介護用のエプロンに汚れやシワはありませんか	
	明るい色を着ていますか		明るい色を着ていますか	
	靴はかかとのあるものを着用していますか		靴はかかとのあるものを着用していますか	
	靴のかかとを踏んでいませんか		靴のかかとを踏んでいませんか	
心と身体の身だしなみ	いつも笑顔でいますか		いつも笑顔でいますか	
	自分が施設・事業所を代表しているという意識を持って仕事に取り組んでいますか		自分が施設・事業所を代表しているという意識を持って仕事に取り組んでいますか	
	自分の体調管理はできていますか		自分の体調管理はできていますか	

身だしなみのチェックは、コミュニケーションの要素も含まれています。ミーティング時に、2人1組で向かい合い、笑顔で毎日行ってください（**図表2-7-2**）。

2 言葉づかい

　敬語は職場、社会生活を営むうえで人間関係を円滑にするためのものです。いつでも、相手への思いやりと尊敬を持って適切に使うことが重要です。言葉をかけるということは、いつも「気持ちをかける」「心を伝える」ということです。

　利用者との日常会話のなかで使う敬語と、サービス提供時（食事、移動、排泄、入浴等）に使う敬語は違います。日常会話では、個人の背景や利用者との関係性を配慮し、相手を尊重して敬語を使い分けます。一方、サービス提供時は、ビジネス上、必要な基本的な敬語を使います。介護職員は常に自分の心に意識を持ち、「今どんなことをこの人は求めているか」を察しながら、真っ直ぐな気持ちで対応します。

ワークシート⑥　敬語の練習　正しい言い方に直す

	誤った言い方	正しい言い方
1	もう一度言ってくれませんか	もう一度おっしゃっていただけませんか
2	ご苦労さまでした（上司に対して）	お疲れさまでした
3	何時頃お戻りになられるのですか	何時頃お戻りになるのですか 何時頃お戻りになられますか
4	今日中に来てください	今日中にお越しください
5	本日中に返事をほしいのですが	本日中にお返事をいただけますか
6	先ほど言った件ですが	先ほど申し上げた件ですが
7	すでに知っていると思いますが	すでにご存じだと思いますが
8	どうですか	いかがですか
9	ここに記入してください	こちらにご記入願います
10	これをやってもらえませんか	こちらをお願いできませんか

	誤った言い方	正しい言い方
11	どこへ行くのですか	どちらへ行かれるのですか
12	これは誰がしたのですか	これはどなたがなさったのですか
13	すみません。わかりません	申し訳ありません。わかりかねます
14	お手数をかけて、すみません	お手数をおかけして、申し訳ありません
15	用件はなんですか	ご用件をお伺いしたのですが
16	私が伝えます	私がお伝えします （私が申し伝えます）
17	今、いません	ただ今、席を外しております
18	こちらで待っていてください	こちらでお待ち願えますか
19	後で電話をください	後程、お電話をいただけますでしょうか
20	すみませんが、どなたですか	恐れ入ります、どちら様でしょうか

ワークシート⑦　サービス提供時の言い回し

	誤った言い回し	正しい言い回し
1	「おはよう！　具合はどう？　眠れた？」 「早く起きて、トイレに行くよ」	「○○さん、おはようございます。今朝のご気分はいかがですか？　夜はゆっくりお休みになれましたか？」 「お手洗いはどうですか？　一緒に行きましょうか？」
2	「顔を洗ってよ。自分で歯も磨いてね」 「ほら、さっさとやってよ！　なんでも自分でしなきゃダメ！　ダメ！」	「○○さん、ご自分で洗顔と歯磨きはできますか？　できない部分はおっしゃってください。いつでもお手伝いさせていただきます」 「ゆっくりでいいので、洗ってください。近くにいますね」
3	「はい、ご飯」 「お茶、ここに置いておくからね。こぼさないでね」	「○○さん、お待たせしました。今日のご飯は××ですよ。いっぱい食べてくださいね」 「お茶もどうぞ。こちらに置きます。熱いので気をつけて飲んでください」
4	「あんまり食べてないね。食欲ないの？」 「もう御膳を下げてもいいの？　あとでお腹すくよ」	「○○さん、お食事はお済みですか？　お味はいかがでしたか？　お腹はいっぱいになりましたか？　今日はいつもより食べた量が少ないようです。あとでお腹がすくようなことがあったら、お声をかけてくださいね。お茶のおかわりはいかがですか？」

	誤った言い回し	正しい言い回し
5	「トイレに行く？　自分でズボンの上げ下げできる？」 （少し時間をおいてから） 「もうおしっこ終わった？」	「○○さん、おトイレに行きますか？　ズボンの上げ下げのお手伝いをさせていただいてよろしいですか？」 （トイレ終了）「お済みですか？　ズボン、上げますね。すっきりしてよかったですね」
6	「今、呼んだ？　何の用？」 「今忙しいの！　ちょっと待ってて！」	「○○さんお呼びでしたか？　今、○○が済んだらすぐに参ります（3分程で参ります）。お待ちいただけますか？　お急ぎでしたら他の職員を呼びますね」
7	《家族対応》 「誰？　まだ早いのでみんな寝ているんですけど！　急ぎだったら呼びますけど？」	「おはようございます。恐れ入ります。どちら様のご家族様でしょうか？」 「○○様、いつもご面会ありがとうございます。ご本人はまだ寝ていらっしゃいますので、ただ今声をおかけします。こちらでお待ちいただけますか？」 「……着替えをして10分程でホールにいらっしゃいますので、こちらにお掛けください」 「……急用であれば、私がお伝えします」
8	《家族対応》 「誰？　用件はなんですか？　まだ○○さんは寝ています。どうしますか？」 （家族）「○○は元気にしてますか？」 「はい、元気にしてますよ」 「また来てください」	「恐れ入ります。どちら様のご家族様でしょうか？」 「○○様、いつもご面会ありがとうございます。今、○○さんはお休みになっています。お急ぎでなければ、私がご用件を承ります」 「はい、○○さんは毎日元気で過ごされています」「○○さんもいつも心待ちにしていらっしゃいますので、またいらしてください。お待ちしております。本日はありがとうございました」

ワークシート⑧ 正しい電話の対応

誤った対応	正しい対応
①あなたは誰ですか	どちら様でいらっしゃいますか？ （どちら様でしょうか？）
②あたし（ぼく）	わたくし（わたし）
③うちの会社	弊社（わたくしども）
④松井様でございますね	松井様でいらっしゃいますね
⑤私にはわかりません	（申し訳ございません） 私（わたくし）ではわかりかねます
⑥そんなことはありません	そのようなことはございません
⑦そんなこと知りません	（勉強不足で申し訳ございません） 存じ上げません
⑧すいませんが、ちょっと待ってください	恐れ入りますが、少々お待ちください
⑨え、何ですか？　聞こえないんですけど	（申し訳ございません）お電話が遠いようです
⑩営業のどなたを呼べばいいんですか？	営業の誰にお取次いたしましょうか？
⑪原田部長は今席にいないんですけど	（申し訳ございません） 原田は、ただ今席を外しております
⑫それで結構ですか？	こちらでよろしいでしょうか？
⑬わかりましたか？	ご理解いただけましたでしょうか？
⑭どんなご用件ですか？	どのようなご用件でしょうか？ （どのようなご用件でいらっしゃいますか？）
⑮急ぎなんですか？	お急ぎでしょうか？ （お急ぎでいらっしゃいますか？）
⑯そうです	さようでございます
⑰それはできません	（申し訳ございません）その件は致しかねます
⑱わかりました	かしこまりました（承知いたしました）
⑲また電話してください	（お手数ですが）（申し訳ございませんが） あらためてお電話をいただけますでしょうか？
⑳電話があったことを伝えておきます	お電話があったことを申し伝えます （お伝えします）

●電話対応チェックリスト

チェック項目	はい	いいえ
(1)受話器をとるのと同時に利き手でペンを持ち、いつでもメモがとれるようにしていますか？		
(2)3コール以内で電話に出ていますか？		
(3)挨拶を添えながら、笑顔で会社名を名乗っていますか？		
(4)第一声はさわやかですか？		
(5)相手の会社名や氏名を復唱確認していますか？		
(6)取次人の名前、用件を確認していますか？		
(7)用件をうかがった場合は、簡潔にまとめて復唱していますか？		
(8)はっきり、ゆっくりと話していますか？		
(9)感じのよい言葉づかい(敬語)で話していますか？		
(10)相手がわかりやすい簡潔な言葉を選んで話していますか？		
(11)念のために電話番号をうかがっていますか？		
(12)自分の名前を名乗っていますか？		
(13)話の内容に合った終わりの挨拶をしていますか？		
(14)受話器は相手が電話を置いたのを確認してから静かに置いていますか？		

8 職員の目標管理と人材育成計画の立案

（1）理想の人材へ成長するための目標管理

　人材育成は理想とする人材レベルとの差をどのように埋めるかが課題になります。個人としては、理想の人材に近づくための自己啓発をどのように実施するか、組織としては、理想の組織に近づくために組織啓発をどのように実施するかということになります。

（2）人材育成計画の立案

　人材育成計画は次のような方法で立案します（**図表2-8-1**）。

■1 具体的な進め方

①介護に携わる人材の理想のレベルを明確にする
②そのレベルをわかりやすく各段階に細かく分類する
③現状のレベルを個別に評価する
④6か月後と1年後の到達レベルを明確にする（目標設定）
⑤目標レベルに到達するための行動計画を設定する
⑥行動計画に基づいて実践する
⑦6か月、1年後に目標に到達できたか否か評価する
⑧目標に達成および未達部分の評価を行う。成功体験、失敗体験の評価方法を利用
⑩次の6か月後、1年後の目標を設定する
⑪3年後トータル評価を行い人材育成計画を再構築する

❷部下育成のための上司の行動と評価(上司の育成)

①部下の行動計画に関して上司の支援計画を立てる
②OJT等を通して成長のための育成支援行動を行う
③6か月後、1年後に部下が目標に達成できたか否かを評価する
④OJT等を通して成長のための育成支援行動を行う
⑤次期目標を部下と共に設定
⑥人材育成計画の再構築

【図表2-8-1】人材育成計画の一例

必須能力を高める目標管理						氏名	年 月 日	
必須能力	レベル	現状分析		6か月後の目標		レベルアップのための行動計画	達成度	
		自己チェック	上司チェック	自己チェック	上司チェック		自己チェック	上司チェック
傾聴	レベルⅠ					①		
	レベルⅡ							
	レベルⅢ					②		
	レベルⅣ							
	レベルⅤ					③		
承認	レベルⅠ					①		
	レベルⅡ							
	レベルⅢ					②		
						③		
質問	レベルⅠ					①		
	レベルⅡ							
	レベルⅢ					②		
	レベルⅣ							
						③		
自己表現	レベルⅠ					①		
	レベルⅡ							
	レベルⅢ					②		
						③		
礼儀	レベルⅠ					①		
	レベルⅡ							
	レベルⅢ					②		
	レベルⅣ							
	レベルⅤ					③		

記入方法
＊各必須能力の現状レベルに○印を記入
＊上司と面談し、上司が観察した各必須能力の現状レベルに○印を記入
＊6か月後の目標レベルに○印を記入。上司と面談し、上司が期待するレベルにチェック
＊6か月後の目標達成するための具体的行動計画を練る
＊実行期間終了後、自己と上司の達成度をチェック

●各必須能力のレベル内容

必須能力	達成目標	レベルの内容
傾聴	達成目標	皆に聴き上手と言われ、相手の心に寄り添うことができる
	レベルⅠ	「うなずき」「あいづち」がしっかりできる
	レベルⅡ	アイコンタクトは常にできる
	レベルⅢ	「感情」表現に注意しながらオウム返し（繰り返し）は常にできる
	レベルⅣ	相手の言いたいことを明確に言いかえることができる
	レベルⅤ	すべての傾聴スキルを状況に応じて使える
承認	達成目標	相手のすべてを認め、ほめることによって喜びや、やる気を起こすことができる
	レベルⅠ	Youメッセージしか使っていない
	レベルⅡ	Iメッセージが使える
	レベルⅢ	Weメッセージも十分使える
質問	達成目標	適切な質問をすることによって想いを引き出すことができる
	レベルⅠ	質問スキルは知っているが使っていない
	レベルⅡ	クローズド質問、過去質問、否定質問を多く使ってしまう
	レベルⅢ	オープン質問、未来質問、肯定質問を使いこなせる
	レベルⅣ	場面、相手によってスキルを使い分けている
自己表現	達成目標	自分も相手も大切にした自己表現ができる
	レベルⅠ	いつも攻撃的で相手を大切にしない自己表現をしてしまう
	レベルⅡ	相手を大切にし過ぎて自分を犠牲にしてしまう
	レベルⅢ	自分も相手も大切にした自己表現ができる
礼儀	達成目標	利用者はじめすべての関係者が大切にされていると感じている
	レベルⅠ	常に気くばり、目くばり、心くばり、会話のキャッチボールができる
	レベルⅡ	1つひとつの動作に心がこもっている
	レベルⅢ	常にプロとしてふさわしい身だしなみをしている
	レベルⅣ	思いやりと敬意を持った言葉づかいをしている
	レベルⅤ	自他ともに介護のプロとして認められている

9 課題解決のプロセス

　課題解決というと、とても難しく聞こえますが、大切なのは経営者として、施設長として「どんな施設にしていきたいか」を考え、「将来の未来予想図」を招くことです。「課題＝希望」と考えてください。

(1) 課題解決のプロセスとは

　課題解決のプロセスとは、高齢者が望む「よりよい生活」「自分らしい生活」を実現する目的を達成するために行う客観的な思考の過程を言います。「どうしてこうなのか」「何が問題なのか」「実際に解決に向かって実践したときに、どのような変化があったのかなかったのか」を、期間を決めて評価することが、施設経営と人材育成の向上につながります。

(2) 課題解決の意義とは

　課題解決の過程を展開することは、客観的な思考に基づいた行動の実践が可能になります。展開のプロセスを言語化して記録をとっていくため、行動を後から振り返ることが容易になります。
　施設全体として、管理者・事務職・介護職・調理・清掃等の他職種が、協働・連携して「よりよいサービス」を提供するためには、管理者としての課題解決の過程の展開が欠かせないものとなります。

(3) 課題解決の目的とは

　課題解決は、利用者の「よりよい生活」「自分らしい生活」の実現と継続ができるように実施します。「アセスメント→計画の立案→計画の実施→評価」を繰り返すことで、きめこまやかなサービスの提供を目指していきます。

(4) 課題解決のプロセス

1 アセスメント

　最初にアセスメント（情報収集とそれをもとにした判定）から始めます。施設全体としての状況、介護職員の状況、利用者の希望や願いなどについて、必要な情報を収集し、複数の情報の関連づけと統合を行うことで、施設全体としての課題を明確にすることが可能となります。

　重要なことは、「どのような施設にしたいか」「どのような人材を育てていきたいか」「利用者がよりよい生活・自分らしい生活を送るためには、どのようにしたいか」を明確にすることです（**図表2-9-1**）。

①必要な情報の把握は、利用者や家族からの意見（アンケートや意見箱等）を聴き、管理者・施設長としての視覚・聴覚・嗅覚・触覚・味覚などの五感を用いた観察やコミュニケーションを通して情報を収集する
②情報収集後、1つひとつの情報について、解釈・関連づけ・統合を行う
③課題を明確化する

●実施計画書のサンプル

長期目標	短期目標		具体的な内容と方法			実施状況（事実と感想）	評　価（達成度）
	目標	期間	内容	方法	頻度		
課題（希望）							

について柔軟に対応できるようにする
⑤利用者・家族の反応は課題解決過程の評価を行ううえで貴重な資料となるので、気がついたことは、必ず記録をしておく

4 評　価

あらかじめ設定した「評価期間」において、目標に対する評価と「計画の修正の必要性」を検討することが重要です。具体的には次の項目について、達成目標ごとに評価をします（**図表2-9-3**）。

・日々の行動は計画通りに実施できたか
・目標に対する達成度はどうか
・内容や方法は適切であったか
・新たな課題や可能性はないか

評価の結果、設定した目標や内容・方法の変更や修正が必要な場合は、再度アセスメントを行い、課題解決のプロセスを繰り返します。

①目標達成期間の1つの目標に対して行う
②介護にかかわるすべての職員に対して、方向性を見失わないために行う
③長期目標をふまえた評価を行う
④短期目標の項目ごとに達成状況を確認する
⑤計画通りに実施できていない場合の理由を確認する
　　・計画内容が周知されていない
　　・計画が具体的でない
　　・実施するための情報が不足している　など
⑥目標が達成されていない場合の理由を明らかにして、再アセスメントを行い、継続して行うのか、別の方法を考える

【図表2-9-3】実施状況と評価の記載例

実施状況（事実と感想）	評価（達成度）
（6月末） しっかりとした挨拶を開始した当初、「おはようございます」の敬語の挨拶に戸惑っている職員もいたが、数日経つと違和感なく挨拶が返ってくるようになった。ただ、職員間の挨拶はまだぎこちないものを感じた。	①②毎日の挨拶を行うことに関しては、継続して行うことができている。 ③常に意識をして、職員・利用者・家族に「おはようございます」と挨拶を行っている。今までの習慣もあり、つい「おはよう」ということがあるので、注意をしている。
1か月が過ぎて、利用者への挨拶も馴染んできた。以前はわからなった利用者の名前も覚えるようになった。	④朝のミーティングには週1回と言わずに、できるだけ参加を心がけている。自分が挨拶をする見本となるように、大きな声と笑顔で行っている。
2か月に入り、職員間の挨拶も声が出るようになり、活気を感じるようになる。利用者も私が来るのを待っていてくれるようになる。	⑤5月末に研修を実施。その後の計画がまだ立っていない。早急に年間計画を検討する。
以前に比べて家族との会話も増えている。挨拶で施設を巡回することが多くなり、職員との日常的な声かけがしやすくなり、施設全体の状況が見えるようになった。	

（5）課題発見に向けた基本的な視点

◼ 利用者の視点で考える

　まずは経営者・施設長という立場ではなく、自分の家族にどういう介護を受けてもらいたいかを考え、そこから見えてくる課題を見逃さないことが重要です。ついつい目先のことにとらわれがちになりますが、「自分の親をどのように介護してもらいたいか」「どのような対応が望ましいか」「どのような施設の雰囲気が喜ばれるのか」を自分自身の目線で、「希望」として考えてみる力が求められます。

◼ 施設全体の課題として考える

　施設運営は、施設の職員全員の課題でもあります。利用者やその

家族からは「介護職員の○○さん……」ではなく、「○○法人△△施設の職員は……」と判断・評価されます。施設職員の一人ひとりが、施設を代表していることの意識を持ち、個人の課題であっても施設全体の課題として考えていくことが求められます。

❸ 技術やサービスを考える

　介護技術やサービスは、施設運営の柱とも言えるものです。技術やサービスを向上させるための研修体制は整っているのか、研修効果はどうか、事後評価は行っているのかなど、確認ができる体制づくりを考えることが重要です。

❹ 各セクションの協働・連携を考える

　介護の現場では、介護職・事務職・看護職・調理・掃除など各専門職が適切なサービスを提供するために協働・連携しています。よりよい施設の実現、サービスの向上に向けて、全職員が「共通の目線」を持ち、効果的な協働・連携ができるようにしていきます。

❺ 根拠に基づく実践と的確な記録を心がける

　「なぜこのように行うのか」「なぜこのような対応が重要なのか」「なぜ共通認識が必要なのか」などは、しっかり根拠を示し、組織全体で共有することが重要です。その内容を言語化し、記録として残しておくことで振り返りに活用することができます。

第3章

事例で学ぶ
介護の心と人材育成

1 利用者はスタッフの質を見て施設を決める

（1）利用者の尊厳を一番に考えた気くばり

　介護の現場では、常に状況を把握して臨機応変に対応していかなければなりません。何が必要で、何が求められているかを瞬時に判断して、利用者の気持ちを尊重しながら、自尊心を傷つけないように対応していきます。

　Tさんは104歳、明治生まれのかくしゃくとした女性です。いつも着物を着てデイサービスに通ってくる素敵な方です。

　ある日、利用者Aさんから「なんか変な臭いがするんだけど！」と言われました。Aさんの近くに行くと確かに便臭がします。隣にはTさんが座っていました。「Tさん、体調はいかがですか？」と聞くと「調子がいいよ」と返ってきました。「Tさん、私のお腹の調子が悪いので、一緒にトイレに付き添っていただけませんか？」と話しかけると、「そうなの。大変だね。ついて行ってもいいわよ」と言ってくれました。近くには介護職員Eが、他の利用者とお話をしていました。

　私はTさんと一緒にトイレに行きました。ついでにTさんにもトイレを勧めたところ、Tさんから「少しパンツが汚れたので取り替えてもいいかい？」と言っていただけました。お風呂場に連れて行き、便で汚れたお尻をシャワーで洗い、新しい服に着替えて元の席に戻りました。戻った席はすでに新しい椅子に変わり、温かいお茶が用意されていました。私とTさんの会話を聞いていた介護職員Eが、何事もなかったように新しい椅子と交換してくれていたのです。

Tさんも何もなかったかのようにお茶を飲まれ、隣のAさんとお話をしていました。
　Tさんが104年間生きてきたなかで、他人に一番見せたくないことだったかもしれません。特に同じような年代の人が通う場所ではなおさらです。それを気づかい、何事もなかったように場所を整え、お茶まで用意した介護職員Eの気くばりを、誇りに感じました。福祉の現場では、当たり前の行動かもしれませんが、Tさんの心には温かいお茶と同じように、通じてくれたものがあったと思います。
　Tさんが帰りの送迎バスに乗り込むときに言ってくれた「今日もお世話になり、ありがとうございました」の挨拶は、笑顔でいつもより力が入っていました。

（2）「ニコッ！」とした笑顔が最良の介護を生む

　介護の現場は常に人手不足で、忙しい職場です。しかし、どんなに人手不足で忙しいからといって、業務に追われて会話もせずに淡々と介護をしていてはいけません。利用者が何を一番に望んでいるのか、何を求めているのかを気づこうともせずに仕事をこなしていくだけでは寂しいと思います。
　忙しいは、「心」を「亡」くすということです。人間として一番大切な「心」が欠けていたら、笑顔もなく言葉もかけないという介護になってしまいます。利用者個人の存在を認めていないということにもつながります。このような介護では利用者も介護職員もお互いに信頼関係をつくっていくことは難しいでしょう。「いつもあなたの近くで見ています」「あなたを大切に思っています」という心を素直に届けることが大切です。
　利用者は、日頃から介護職員が忙しく仕事をしているのを見て

いますので、決して多くのことを求めていません。日常の当たり前の「ちょっとした笑顔」「ちょっとした声かけ」を待っています。利用者の目線に合わせて、ゆっくりとした口調で「○○さん、おはようございます」と、笑顔で一言声をかけるだけで、与える印象はまったく違います。朝、多少元気がなくても介護職員の「ニコッ！」とした満面の笑顔と挨拶があれば、その日1日を気分よく過ごせるのではないでしょうか。大切に思っている心が少しでも伝わり、自分自身を一人の個人として認めてくれたと思ってくれるはずです。たとえ小さなことでも介護職員が心をかけることで、その方に生きる気力を与えたり、引き出すことができるのです。介護は特別なことのように思われていますが、心をかける、必要な声をかけるという日常の小さな心くばりを重ねること、笑顔を絶やさないことが大切なのだと思います。

　介護される方が、今このときをその人らしく笑顔で過ごすことができる、介護する側も笑顔で同じ時間を一緒に過ごすことができる——利用者に寄り添ったそんな介護ができたら最高です。

　「ニコッ！」とした笑顔は利用者の方にとって一番の元気の源です。職場のひまわり娘になりましょう。

(3) 上司が部下と一緒に経験を振り返る

　自力歩行で施設生活をされている女性Sさんは最近、認知症状が進み、時折、失禁も目立つようになっていました。そのようなとき、トイレに行きたいとおっしゃったSさんを新人の職員が慌ててトイレに連れて行き、ズボンを脱がせようと腰に手を当てた途端、「何するの！」と職員の手を思いっきり振り払いました。あまりの力の強さと驚きに、Tさんと職員はふらついてもう少しで転ぶところで

した。

　「ヒヤッ」としたこのことを、新人の職員はすぐ上司に報告しました。すると上司は「何事もなくてよかった。君もさぞ驚いたろうね。少し冷静になった今、そのときのことを振り返ってみて、Sさんにはどのようにしたらよかったと思うかな」と職員にゆっくりとした口調で訊ねました。新人職員は次のように答えました。

　「私がSさんのズボンを下げるときに声かけをすればよかったと思います。あまりにも急いでいたためにズボンを下げることに集中してしまい、Sさんを驚かせてしまいました。一番大切なことを怠っていました」

　それを聞いた上司は優しく諭します。

　「そのようだね。介護の基本は声かけからだったね。基本を怠っていくと大きな事故につながっていくからね。さあ、Sさんに笑顔を見せてきなさい」

　新人職員は胸をなでおろして、Sさんのところに向かいました。

（4）「ありがとう」の言葉がなくても、プロとしての職責を果たす

　ある介護職員の方から、「がんばって仕事をしているのに、利用者に叩かれたり、噛まれたりすると頭にきます。おまけに、『ありがとう』の言葉さえなかったら、やる気をなくします」「感謝の心を伝えてもらえるだけでモチベーションが上がります」などの話を聞きました。

　最近は、特に認知症の進行により、介護職員がどんなに心を尽くして介護をしても反応がなかったり、暴れる人もいます。こちらには何の落ち度もないのに、家族から不平不満を言われる場合もあります。介護職員も人間です。嫌なことがあれば、利用者や家族への

対応は気が進まなくなり、テンションが下がることもあるかもしれません。しかし、本当にそれでよいのでしょうか？

　私自身もデイサービスで勤務していた頃、認知症の方の隣に座って話をしていたら、不意に目の付近を殴られたことがあります。本人をご自宅に送った際に、ご主人に報告をすると、謝罪するどころか、「あんたがボーとしているから悪い！」と一方的に言われ、ショックを受けました。

　でも、よくよく考えると、相手がどのような病気でどのような状態であるかをきちんと把握して注意深く対応していれば、そんなことにはならなかったのかもしれません。信頼して預けていただいた家族の方に不安を抱かせてしまったと反省をして、自分のプロ意識の低さを痛感しました。

　介護を必要とする方は、何らかの障害や病気を抱えています。その家族も不安を抱えて生活しています。私たちの仕事は、介護をしっかりと提供することで利用者の安心や安全を守り、利用者の家族に信頼して任せてもらえるようになることが大きな目標です。感謝の言葉の有無に関係なく、自分ができる最高の介護を提供することを目指しましょう。

　介護職員には、プロ意識を持ってベストマナーで対応することが求められます。期せずして利用者や家族から感謝の言葉が返ってきたときは、自分へのご褒美と受け止めて、素直に喜び、明日への活力にしてください。

　走ったり、転んだり、笑ったり、泣いたり、落ち込んだり……。たくさんの経験をしながらプロとして育っていくのです。

2 離職率の高い施設は利用者離れも起こす

(1) 人材育成の現状と課題

　介護業界では、介護保険制度施行に合わせて人材の確保を第一と考え、大量の有資格者を養成してきた一方で、それぞれの能力には個人差を生じさせました。実務の現場においては、何よりも個人の経験とスキルに頼っているのが現状であり、日常の業務量の多さから「習うよりは慣れろ、見て覚えろ」が当たり前の人材育成になっています。

　そのような環境では人が育っていくはずもなく、これから超高齢化が進むなかで、さらに多くの介護職員を必要としているにもかかわらず、ますます離職率は高くなる一方です。

　一度、志を持ち介護の資格を取得した者を介護現場から離れさせないためには、「介護のプロ」としての自信と実力をつけさせ、介護職が「天職」と思えるようにしていくことが人材育成の課題と言っても過言ではありません。

　介護職員の資質向上のためには、体系的かつ包括的な学習と、総合的かつ実践的な研究や研修がなくてはならないのです。

■1 職場における人材育成を阻害する要因

　コミュニケーションや職員相互の関係性が思わしくない職場では、それぞれが向いている方向が違うため、課題を見出すことができず、職員教育をしてもその成果を期待することはできません。しかも、優秀な職員が次第に職場の雰囲気に飲み込まれていってしまうこと

もあります。
　人材育成を阻害する要因としては、次のようなことが挙げられます。
　　・あいさつや声かけがない
　　・自分の仕事で手いっぱいである
　　・情報の共有がない
　　・自分の意見が自由に言えない
　　・上司が人材育成に関心、関与がない

❷挨拶は、魔法の言葉!?
　数年前、東京にある特別養護老人ホームを見学させていただく機会がありました。その際、その施設のＷ施設長さんから「あなたは介護職員として、施設長に何を望みますか？」という質問をされました。私は「毎日、利用者さんや職員に挨拶をしてくれることです」と即答すると、「え！　それだけでいいの？」とビックリされていました。
　以前、私が勤務していた施設のＦ施設長は毎朝、施設の２階３階に上がっていき、利用者に「おはようございます」の挨拶をして回り、職員にも「おはよう。ご苦労さん」と声をかけることを日課としていました。さらに、９時半頃になると１階のデイサービスセンターに来て、通所の利用者に「おはようございます」と、職員にも「今日もよろしくな！」と必ず声をかけてくれました。利用者は、「現場の人だけでなく、施設長さんまで自分を気にかけてくれているんだ」と感謝していました。介護職員も施設長を身近な存在として感じ、自分たちから率先して利用者の状態を報告できるようになっていきました。
　利用者も介護職員も「一人の人として見てくれている」という、

心を感じていたとのだ思います。たった一言ふた言であっても挨拶は、毎日さわやかで、温かな気持ちで仕事に取り組める魔法の言葉です。F施設長は退職されるまでずっと魔法の挨拶を続けてくれました。

　もう1つ、W施設長には「どんどん施設を歩き回って、施設長っていつも席に座っていない……と思われてください」というお話をしました。その後、W施設長からは「僕も歩き回って『おはよう』を言っているよ。職員から、『施設長、徘徊ですか』と言われたよ(笑)」と書かれたお葉書をいただき、思わず笑みがこぼれて、とてもうれしく感じました。

　利用者や上司、職員同士など立場や関係はさまざまですが、「おはよう」「ありがとう」「こんにちは」「すみません」などの挨拶は、ホスピタリティ（おもてなしの心）の基本であり、人として当たり前の行動です。どの仕事でも同様ですが、特に介護の現場では信頼関係の構築のためには重要なものとなります。1日、1日がさわやかで楽しい気持ちで過ごせるように、利用者、同僚、上司などに対して、あなたの言葉で魔法をかけてください。

❸施設長の敬語による挨拶で施設に笑顔が増える

　職員にとって、施設長が職員にかける挨拶は特別なものとなります。さらに、挨拶を敬語で行うということでさまざまな効果が生まれます。「エッ！　施設長が職員に対して敬語で挨拶!?」と思われるでしょうが、敬語で「○○さん、おはようございます」と声をかけられると、とてもうれしいものです。職員を大切に思ってくれていることが伝わりますし、声をかけられた職員自身も元気に「おはようございます」と挨拶を返します。もちろん、そのときの表情は輝く笑顔になっているでしょう。

　施設を代表する施設長が、施設職員に対して率先して敬語を使っ

て挨拶を行うことで、「利用者さんや家族さんには、しっかりとした敬語で挨拶をしましょう」と何度もミーティングで話すよりも、何倍もの力になります。また、職員間の挨拶も自然に敬語での挨拶になり、利用者や家族に対しても自然な形で「おはようございます」の挨拶が出るようになります。

　利用者と介護職員が慣れ親しんだ間柄になり、信頼関係ができているからこそ、できるだけ丁寧な対応を心がけます。それは利用者自身を大切に思っている心を伝えることにつながります。一番の責任者である施設長が職員に対して敬語で挨拶をすることにより、「職員のみんなを、僕は（私は）大切に思っているよ。信頼しているよ」という気持ちが伝わることで、大切に思われていることを知った職員は、利用者や家族、施設を訪問する方に対しても丁寧で優しい言葉かけをします。それが継続して行われることで、介護事故の減少など施設全体の質の向上につながっていきます。

　挨拶には、上下関係の垣根がありません。早速、明日の朝から施設長が率先して敬語で挨拶し、笑顔のある施設、笑顔のある職員をたくさん育ててください。

（2）介護は人なり、職員の心が施設を輝かせる

　介護業界で働く人々にとって「介護職」が魅力に溢れ、その仕事で生活が成り立つようなものにしていかなくては、人材の使い捨て、使い回しが続くだけであり、このままではさらに人材が遠のき、業界の縮小、介護を受ける側の不安にもつながりかねません。

　今の介護業界において必要だと感じている人材確保の方法の1つは、体系化された人材育成システムだと思います。それは一般企業が行う接客業務マニュアルや接遇・マナーをもとにした人材育成、

数字を基本とした目標管理ではありません。介護という職種独自の業種全体にかかわる"現場"のニーズに応じた人材教育システムです（学校による教育とは違います）。

　企業は販売であれ、サービスであれ、顧客に対して何かプラスになるものを提供します。顧客は現在よりもよい生活を求めて、つまりプラスになるためにモノやサービスを購入するのです。対して、介護（や看護）はある意味マイナスの状態からゼロ、もしくはプラスにしていく仕事です。それはモノやサービスではなく、そこにかかわる介護士（なり看護師）が専門的知識・技術、人としてのかかわりの心を通じて行います。

　一生懸命介護しても、それが受け入れられないジレンマ、最後は亡くなってしまうという敗北感、無力感を感じることもあるでしょう。そうしたなかで自分の介護観や介護士観を明確にし、そのモチベーションをフォローアップしてくれるようなシステムでなければ、人材流出は止められません。

　慢性的な人材不足で、新しい人が入ってきても満足な育成もできず、即夜勤に投入し、その結果、燃え尽きて、体調を壊すなどで去っていく人材が多くいます。「現場を回すだけでも精一杯なのに、教育システムなんて言っている場合じゃない」という声も聞かれます。しかし、しっかりとした教育体制や、フォローアップをしている事業所は離職率が少ないのも事実です。

　「介護は人なり」というように、介護サービスのよし悪しはスタッフ（従業員）によって決定されるといっても過言ではありません。介護サービスの質の向上は事業所経営にとって非常に重要な要素であり、サービスの質を支えるスタッフに必要なのは「コミュニケーション能力」です。このコミュニケーション能力で介護サービスの質の大半が決まると言えるでしょう（図表3-2-1）。

【図表3-2-1】なぜコミュニケーション能力が重要か？

①利用者・家族とのコミュニケーションの円滑化によるクレームの減少
　　　　↑
　　マナーの知識・アサーション能力の効果

②従業員とのコミュニケーション円滑化による職場環境の改善
　　　　↑
　　マナーの知識・言語能力・アサーション能力の効果

③利用者のニーズの的確な把握による、サービスの質向上と顧客満足度の向上
　　　　↑
　　傾聴技法・コーチング・心くばり

④ストレスの減少による離職率の低下
　　　　↑
　　ストレスマネジメントの効果

　コミュニケーション能力を育成する根本は「相手への思いやりの心」です。つまり、「心くばり」という言葉に尽きるのです。

おわりに

　介護事業の健全経営には、バランスのとれた人材育成と安全安心な職場環境の整備が不可欠です。そのためには、利用者を一人の人として尊重できるように、介護職員一人ひとりの心を育成していかなければいけません。朝の挨拶、部屋に入るときの挨拶、食事を出すときの声かけなど、当たり前のことでも利用者にしっかりと気持ちを込めて話しかけることで、「あなたを大切に思っています」という心を伝えることができます。介護職員全員が同じチームとして動けるように、しっかりとコミュニケーションがとれる環境づくりにも努めましょう。

　介護職員は、利用者が安全安心に過ごせる場を提供するという共通の目標をいつも心に持っていてほしいのです。笑顔と挨拶の行き届いた現場は、介護職員のモチベーションを向上させ、プロとしてのプライドを大きく育てます。職場の上司は部下と積極的にコミュニケーションの機会を持ち、部下の心の声を吸い上げてください。人材育成こそがサービスの向上につながり、「おもてなし」の精神へ通じていきます。チームとしてもよい介護が提供できるようになるでしょう。この好循環が強い現場力をつくり出していくのです。

　今日から輝く現場をつくるために、笑顔と一声を意識して、大きな一歩を踏み出してみましょう。

執筆者代表
武田　直美

■ 参考資料

斉藤美津子著『きき方の理論　続・話しことばの科学』サイマル出版会
大坊郁夫著『しぐさのコミュニケーション　人は親しみをどう伝えあうか』サイエンス社
是枝祥子編著『ホームヘルパーのためのコミュニケーション・ハンドブック』日本医療企画
鳥羽信行・森山千賀子編著『ホームヘルパーのための対人援助技術』萌文社
『おはよう21』中央法規出版
森山活・朴美蘭・藤原泰共著『ホームヘルパーのためのリスクマネジメント』萌文社
『介護職員基礎研修課程テキスト1「生活支援の理念と介護における尊厳の理解」』日本医療企画
國分康孝著『カウンセリングの理論』誠信書房
平木典子・沢崎達夫・野末聖香編著『ナースのためのアサーション』金子書房
リン・ブルーム　カレン・コバーン、ジョアン・パールマン共著、斉藤千代・河野貴代美共訳
『自分を変える本　さわやかな女へ』BOC出版
介護労働安全センター著『介護におけるコミュニケーション技法』介護労働安全センター
介護福祉士養成講座編集委員会編『新・介護福祉士養成講座9　介護過程』中央法規出版

● 著者略歴

武田　直美 (たけだ　なおみ)　執筆者代表

学校法人緑ケ岡学園専門学校釧路ケアカレッジ介護福祉科専任講師。介護福祉士、社会福祉士、精神保健福祉士、介護支援専門員（ケアマネジャー）。NPO（特定非営利活動）法人日本エイジング・アドバイザー協会理事。「武田流心くばり介護道／介護傾聴師」創始者・家元。1961年、北海道釧路市生まれ。ホームヘルパーの実務経験を経て、介護福祉士の資格を取得し、特別養護老人ホームに勤務。他の福祉国家資格等も取得し、デイサービスセンター、在宅介護支援事業所、ケアハウス等の在宅部門の現場勤務と相談業務を行ってきた。コーチング、介護カウンセラー、介護作法師、キャリア・カウンセラー等の資格を取得し、人材育成も行う。現在、20年の経験を活かし、「武田流心くばり介護道／介護傾聴師」の講座を主宰し、介護の質の向上に努めている。介護福祉士養成専門学校の専任講師としてコミュニケーションや介護技術の講義を通して、介護の心の育成を行っている。また、福祉施設職員の「介護作法とコミュニケーション」講座や地域のボランティア養成講座を積極的に行っている。「武田流心くばり介護道」のホームページでブログ「心くばり介護道の真髄とは」を執筆している（月2回更新）。

井口　隆三郎 (いぐち　りゅうざぶろう)

1943年生まれ。大手食品会社にて営業担当、統括支店長、人事部部長（人材開発センター）を経験。営業活動、マネジメント活動、苦情対応、企業再生活動、雇用調整等の現場では人間の行動特性の変化、心の持ち方、自立の姿勢に重点を置き「心」を中心とした活動を実践。退職後、キャリアカウンセリング、コーチング等の講師および実務支援。「武田流心くばり介護道」師範・教授格、介護傾聴師として各種研修、人材育成、支援を実施している。

齊藤　榮一 (さいとう　えいいち)

1940年生まれ。音楽業界において45年間、生産・商品・品質・物流・営業・販売・制作・宣伝等の管理、人事・総務・経営企画・企業統合・秘書・役員、監査役に就き、その後、再就職支援および厚生労働省・法務省・防衛省・自治体・企業・JICE（日本国際協力センター）等において、再就職支援・キャリアカウンセリング・コーチングの講師を務める。介護関係では、介護カウンセラー、介護作法師、「武田流心くばり介護道　介護傾聴師」資格養成講座の講師を務める。

堺野　幸枝（さかいの　さちえ）

大手都市銀行、同系列リース会社を退職後、フラワーアレンジメントの講師・マナー講師として幅広く活躍する。専門分野は企業内においてのホスピタリティ研修（介護、接客・マナー指導、ビジネスマナー）、新入社員研修およびフォロー研修、産業カウンセラーの資格を活かし、メンタルヘルス研修（企業向けセルフ、ライン、マスター）、上場企業の部下育成管理職研修をはじめ、厚生労働省や国家機関での研修講師も務める。介護ヘルパー経験から介護相談員、介護作法師として介護職員や家族の問題解決に携わる。また、「プロフェッショナル・キャリア・カウンセラー」として青少年・女性のキャリア形成に貢献し、その活動の幅は多岐に渡っている。16年前から近郊の高齢者施設を回り、機能回復訓練の一環としてフラワーアレンジメントの講習を独自の方法にて行い確かな成果を上げている。

下枝　三知与（しもえだ　みちよ）

1949年、福岡県生まれ。日本航空株式会社国際線客室乗務員として4年間勤務後、結婚とともに退職。子ども2人の子育てを終了後、50歳を前にして社会復帰に成功。一流の接客スキルとコミュニケーション力を武器に接客分野で活躍し、OJTインストラクターを経て、ビジネスマナー研修講師へと進む。その後、数種の資格を取得し、ビジネス研修講師として厚生労働省からの委託業務や民間企業の研修や講演の傍ら、面接採用官や専門学校講師の経験も積む。また、研修用テキスト作成にも積極的に参加し、好評を得ている。個人向けコーチングやカウンセリングも数多く経験し、現在はNPO法人健康福祉実践協会理事、CSTコミュニケーションサポートチーム代表（http://cst-team.com）として、医師個別対応のメディカルコーチングも展開中。カウンセラーとして「今、ここ」の感情を大切にしながら相手の心に寄り添うことをモットーとし、また研修講師として講義のための入念な準備と情熱、そして自己研鑽を忘れない姿勢は多くの受講者の支持を得ている。保有資格に、エグゼクティブコーチ・キャリアカウンセラー・キャリアコンサルタント、コーチング研修インストラクター、介護カウンセラー、介護傾聴師、「武田流心くばり介護道」師範（NPO法人日本エイジング・アドバイザー協会認定）、認定心理カウンセラー（NPO法人日本メンタルサポートアカデミー認定）、共感問診力アップメディカルコーチ・コミュニケーションカウンセラーがある。

●表紙デザイン／梅津幸貴
●編集協力　／(株)東京コア
●本文DTP　／(株)ワイズファクトリー

介護福祉経営士　実行力テキストシリーズ11
プロ意識を高め、思いやりの心を磨く！
一流の介護職員が育つ奇跡の人材育成法

2014年7月20日　初版第1刷発行

編　著　特定非営利活動法人日本プロフェッショナル・キャリア・カウンセラー協会
発行者　林　諄
発行所　株式会社 日本医療企画
　　　　〒101-0033　東京都千代田区神田岩本町4-14
　　　　　　　　　　神田平成ビル
　　　　　　　　　　TEL 03(3256)2861（代表）
　　　　　　　　　　FAX03(3256)2865
　　　　　　　　　　http://www.jmp.co.jp/
印刷所　大日本印刷株式会社

ISBN978-4-86439-269-3 C3034　　©JIPCC 2014, Printed in Japan
(定価は表紙に表示しています)